模型でたどる太平洋戦争の海戦シリーズ

真珠湾奇襲 1941.12.8

"Operation Z" Attack on Pearl Harbor

日本海軍航空母艦 赤城
Imperial Japanese Navy Aircraft carrier Akagi

ハセガワ 1/700 インジェクションプラスチックキット
製作／笹原 大

「天城」型巡洋戦艦2番艦を改造して誕生した、戦間期から太平洋戦争初期の日本空母機動部隊を象徴する銘艦。建造当初、イギリス空母の影響を受けて多段式飛行甲板としたことが、同様に巡洋戦艦から改造されたアメリカの「レキシントン」級との使い勝手の良し悪しの差になったともいわれる。

模型でたどる太平洋戦争の海戦シリーズ
真珠湾奇襲 1941.12.8
"Operation Z" Attack on Pearl Harbor

Contents

第1部　軍縮条約の時代
　1920〜1930年代の計画 …………………………………… 6

第2部　開戦前夜
　1941年日本軍の作戦計画 ………………………………… 12
　単冠湾錨泊体形 1941年11月23日 ……………………… 16
　南雲機動部隊編制 1941年12月8日 …………………… 18

第3部　真珠湾のアメリカ太平洋艦隊
　まどろむアメリカ太平洋艦隊 …………………………… 22
　アメリカ太平洋艦隊艦艇在泊位置
　1941年12月8日0130時 ………………………………… 24
　アメリカ太平洋艦隊主要艦解説 ………………………… 26

第4部　空襲開始
　トラ・トラ・トラ！ ……………………………………… 30
　各艦艇の損害記録 ………………………………………… 48

第5部　真珠湾奇襲攻撃の検証
　史上空前の戦果とその評価 ……………………………… 72
　パールハーバー奇襲に関するIFの検証 ………………… 74
　蘇るアメリカ太平洋艦隊 ………………………………… 76

模型製作者より ……………………………………………… 78

▲フォード島東岸、バトルシップ・ロウに並んだ戦艦群。手前で爆煙を上げているのは戦艦「アリゾナ」。艦橋側の三脚マストが倒れているのがわかる。その奥には「ウエストヴァージニア」「テネシー」なども見える。航空魚雷多数が命中した「ウエストヴァージニア」は左舷に傾きすでに着底している。

●1941年当時、日本とハワイの時差はハワイが19時間30分遅れとなっています。本書では、できるだけ日本時間で統一するようにいたしましたが、記事によってはハワイ時間を尊重したものもございますのでご了承ください。

監修者より

白石 光 Hikaru SHIRAISHI

東京・御茶の水生まれ。海好き、軍事史好きな教育者の父親の影響で幼少期から釣りと観賞魚飼育に親しむ。また、幼稚園は立川基地内の米軍託児所に通う。学生時代から水族館飼育係などを経て観賞魚専門雑誌『月刊フィッシュマガジン』編集部へ。同誌編集長を約15年に渡って務めつつ『国際観賞魚専門学院』学院長も長年兼務。観賞魚専門家としてTV出演も多く、観賞魚飼育関連の書籍も多数執筆。
軍事の分野では『ネイビーヤード』誌、月刊『グランドパワー』誌、季刊『ミリタリークラシック』誌、隔月刊『歴史群像』誌、月刊『歴史人』誌、月刊『世界の艦船』誌などに定期的に特集記事を執筆し、一部誌には連載記事も持つ。軍事関連書籍も多数執筆。映画にも造詣が深く『メンフィス・ベル』『アパッチ』『イントルーダー』『クリムゾンタイド』『沈黙の戦艦』『パールハーバー』『ブラックホーク・ダウン』『父親たちの星条旗』『硫黄島からの手紙』『名探偵コナン・絶海の探偵』『ゼロ・ダーク・サーティ』『アメリカンスナイパー』『S最後の警官』『ミケランジェロ・プロジェクト』など戦争映画の公式プログラムへの執筆も多い。『第二次世界大戦映画DVDコレクション（株式会社KADOKAWA刊）』監修者

……「あれでハワイをやれないものかな」……

1940年3月、山本連合艦隊司令長官が飛行機隊の演習成果を見て、傍らの福留参謀長にこう漏らしたのが、パールハーバー攻撃にかんする最初の発言だったといわれています。

実は本書にかんしても、似たような経緯がありました。

今から1年ほど前の「ネイビーヤード」誌編集長後藤恒弘氏とのミーティングの際のことです。私は、映画「遠すぎた橋」のモチーフとなった"マーケット・ガーデン"作戦の顛末を、モデルとフィギュアだけを用いて再現した洋書をお見せしました。市販の1/72と1/76、00ゲージのキットを組み合わせたダイオラマを多数つくり、それを順番に撮影したもので誌面が構成されているのです。

場面ごとに必要とされるキットを探し出しては買い集め、次にそれをコツコツと組み上げてゆく。それらを史実写真に基づいて、何十人もの兵士、何十もの戦車や航空機、実在の破壊された街並みなどに再現するという作業を、一人で成し遂げたという情熱には脱帽でした。

そして後藤編集長と私は、午後のホテルのカフェでコーヒーを飲みながら、このような本が日本でもつくれないものか、といった内容の雑談を交わしたのでした。

それからしばらくして、後藤編集長からご連絡をいただきました。その内容は、「ある戦い」について「モデル」、「史実写真」、「戦記」の三つの要素を1冊の本にまとめるというプロジェクトのお話でした。つまり後藤編集長は、先の洋書のさらに上を行く内容の、モデルに加えて「史実写真と戦記」をプラスした企画を発案されたのです。

もしこの企画が実現すれば、間違いなく日本初のモデルと史実写真と戦記を併載した「三つ揃いの本」となります。もちろん私も「種を蒔いた」立場として、喜んでお受けいたしました。そして、今年が終戦70周年だということ、さらに日本人にとっても馴染みが深いということで、肝心の「ある戦い」には、パールハーバー攻撃（「Z」作戦）が選ばれたのです。

私は主に本文の執筆、史実写真とそのキャプションを提供いたしましたが、特に本文にかんしては、無味乾燥の論文調を避けて、とりつきやすい物語調にしました。思い返してみれば自分がまだ若年の一愛好家であった頃は、論文調の記事よりも、手に汗握る戦記物語を貪るようにして読んだ記憶があったからです。

ただし物語調にはしましたが、史実に捏造はありません。例えば文中の会話は、アレンジこそしてはありますが、実際に交わされたものに限っています。なので、「ああ、ここで会話が入れられたらなァ」と思った個所や、「ここはやたらに会話が多いから端折らなくちゃ」といった個所もありました。

なお、実艦の損害解説やモデル解説のパートなどについては、岩重多四郎氏、宮永忠将氏、吉野泰貴氏、後藤編集長にご協力いただきました。時間のない中で筆をお進めくださった皆さんには、ここに心からの謝意を表させていただきます。

ところで、本書の「もう一人の主役」は、各艦艇のモデルを快くご提供くださった艦船模型サークル「吃水線の会」の皆さんを始めとするモデラーの方々です。超有名な艦から知られざる小型艇に至るまで、貴重きわまりない力作を惜しみなくご提供くださったことには、ただただ、言葉に尽くしがたい深い感謝を申し上げるのみです。本当にありがとうございました。

実は監修者としては、まだ「この先」を目論んでいたりします。その折にはぜひまた、辣腕モデラーの皆さんのご助力を賜れれば、これほど心強いことはありません。何卒よろしくお願いいたします。

しかし何よりも、もっともお手を煩わせると同時に、ご迷惑をおかけしたのは後藤編集長です。その世界の艦艇にかんする膨大な知識量をもって解説文やキャプションなどを精力的に書き上げてくださると同時に、的確な編集作業で本書に「魂」を吹き込んでくださいました。監修者の身としては、感謝以外に申し上げるべき言葉が見つかりません。

「編集長、どうもありがとう！」

そして最後に、このようなすばらしい機会を監修者に与えてくださった株式会社アートボックス様、株式会社大日本絵画様にも、あわせて深い謝意を表させていただきます。

かくして皆さまの多大なご助力を賜ることで、監修者は辛うじて「ニイタカヤマ」を「ノボ」ることができたという次第です。

最後になりましたが、ちょっと既述いたしましたごとく、監修者としては、不敵にも「この先」を見据えております。すでに後藤編集長とも概略は話し合っていたりと……。

なので「第二段作戦」が「発動」できるよう、ぜひ皆さんに本書をお買い求めいただければ……監修者としてはまことに幸甚の一言に尽きます。

2015年師走吉日、メトロポリスのスカイラインを臨みつつ
白石光

第1部
軍縮条約の時代

パールハーバー奇襲に至る道ということで、ここではまず第一次大戦後の日米両軍の海軍戦略について紹介する。日本軍の漸減邀撃作戦とアメリカ軍のオレンジ計画は両軍の戦備を整える上で重要な影響を与えた。ここで錬成された戦力をもって両軍は太平洋戦争へと突入していくこととなる。

川西 H6K5 九七式大型飛行艇 二三型
KAWANISHI H6K5 [Mavis] Type 97 Flying Boat
ハセガワ 1/72 インジェクションプラスチックキット
製作／橋本 憲

軍縮条約時代、太平洋戦争開戦へと至る道
1920〜1930年代の計画

第一次大戦後、戦勝国となった日本とアメリカは太平洋を挟んで軍拡競争に乗り出していった。それを抑制すべく日米英の三国を中心に結ばれた軍縮条約。この軍縮条約の締結により平和な時代が訪れたのだが、それは次なる戦いの序章にすぎなかった。

文/白石 光

■第一次世界大戦後の太平洋情勢

第一次世界大戦が勃発した1914年当時、日本はイギリスと日英同盟を結んでいた。そのためイギリスの要請を受けた日本は同年8月、ドイツに宣戦を布告した。やがて同大戦で戦勝国となった日本は、戦前にドイツが太平洋地域に擁していた領土のビスマルク諸島、マーシャル諸島、パラオ、マリアナ諸島、カロリン諸島などを手に入れた。戦後処理のヴェルサイユ条約により、これら旧ドイツ領だったミクロネシアの島嶼——日本でいういわゆる南洋諸島——の委任統治を認められたのだ。そしてこれこそが、日本が参戦した最重要の思惑であった。中部太平洋方面への権益の拡大である。

この出来事は、すでにハワイとフィリピンに権益を持っていたアメリカにとって大問題となった。新たな日本領の島嶼と、太平洋上に孤立したアメリカ領のハワイまでの距離がぐっと近くなってしまったことも問題の一つだったが、少なくともアメリカ本土の西海岸とハワイをつなぐシー・レーン上に障害はないままであった。ところが、アメリカの極東の拠点であるフィリピンと太平洋の要たるハワイの間に、日本が居座るミクロネシアが横たわることになったのだ。そこでアメリカは、ワシントン会議に並行して締結された4か国条約により、ミクロネシアの軍事基地化の禁止を日本に認めさせた。

これを受けて、日本は同条約を比較的遵守した。ミクロネシアの島々では主に南方資源や漁業といった産業の振興と原住民に対する日本化教育などは活発に行われたものの、軍事施設の建設は極力控えられた。だがその一方で、ミクロネシアはのちの漸減邀撃作戦における要地とも認識されるようになった。

■ただ一度の艦隊決戦に賭けた漸減邀撃作戦

今日のアメリカ海軍の「フロム・ザ・シー戦略」に見るまでもなく、大洋を挟んだ国家同士が相手国を攻める場合、元寇の例のごとく艦隊を送り込むのが常套手段だ。四面を海で囲まれた日本は明治維新以降の近代となっても、外敵は必ず艦隊で来寇すると考えていた。そして、実際に日露戦争でバルト海から遠征してきたロシア海軍の主力、バルチック艦隊を日本海で邀撃(日本海海戦)。これを殲滅した結果、国力で日本にはるかに勝り、長期戦となった場合は日本が「体力負け」しかねない大国ロシアとの講和を、有利に進めるための貴重なカードの1枚にしたという「歴史」を経験している。

その日露戦争は中国における日本とロシアの利権争いで勃発したが、アメリカやイギリスなどほかの列強もまた、日本が中国で自分たちの既得権益を脅かすことを恐れた。次に起こった第一次世界大戦では、既述のごとく日本は連合国側に立って戦い、敗北したドイツが治めていたミクロネシアの島嶼の信託統治権を得たが、すでにちょっと触れたように、これがのちに重要な意味を持つことになる。

第一次大戦が終結すると、ますます国力をつけた日本を牽制すべく、1921年、アメリカが軍縮会議の開催を提唱。その結果、ワシントン海軍軍縮条約が締結されて列強各国の主力艦の保有隻数に制限が課せられた。さらに1930年には、主力艦以下の艦艇の保有隻数を制限するロンドン軍縮条約も締結された。

実は一連の軍縮条約の背景には、第一次大戦の戦勝国となって確実に国力をつけつつある日本の海軍力を抑えるという、欧米列強の思惑があった。日本は20世紀初頭から対米戦争を想定していたが、条約時代に入ると、これを現実に起こり得るものとして強く認識。その結果、編み出されたのが漸減邀撃作戦である。軍縮で主力艦の保有隻数をアメリカ、イギリスの5に対して3に制限された日本は、主力艦の数的劣勢を補うべく、潜水艦や特殊潜航艇(甲標的)、陸上基地から発進する攻撃機(中攻)、空母艦上機、大型艦に対抗可能な高い雷撃能力を備える駆逐艦や軽巡洋艦といった補助兵器(艦艇)の活躍に期待をかけた。

まず、日本がアメリカ領のグアムやフィリピンへの先制攻撃でこれを占領。アメリカが本土の西海岸から大艦隊を繰り出して反撃のため西進してくるのを、信託統治領たる中部太平洋のミクロネシア一帯で、潜水艦や中攻を用いた反復攻撃を仕掛けて主力艦の数を「漸減」させる。そして、アメリカ艦隊に対して日本の主力艦の隻数が拮抗もしくは凌駕したところで、ここいちばんの艦隊決戦を挑んで「邀撃」して撃滅するという、日本海海戦の再現を期待したのである。

というわけで、国家間の勝敗の分かれ目となるであろう艦隊決戦で日本が少しでも有利に戦うには、より遠距離で砲撃ができ、より抗堪性に富む主力艦がほしい。

敵が撃ち出す(あるいは攻撃を開始する)よりも先に、敵を撃てる(あるいは攻撃できる)能力をアウトレンジと称するが、簡単にいえば「異常に長い腕」を持っており、相手のゲンコツがこちらに届かない距離で、こちらだけが相手をタコ殴りにできることだと思っていただければわかりやすい。

特に日本の主力艦は最初から「数の劣勢」を余儀なくされるのだから、より遠くまで飛び、1発当たりの威力もより大きい大口径砲が有利なのは当然だ。また、敵を撃つだけでなくこちらも撃たれることを考えれば、敵の砲弾に屈しない堅固な装甲防御力を備える必要もあって「巨砲搭載+装甲強化」となり、これを実現するために巨艦化するのは当然である。

こうして、当時の日本の建艦技術、砲熕兵器技術の粋を集め、当時の日本で考え得る最良の防御性能を備え、当時の日本が造り得る最大口径の艦砲を搭載。アウトレンジ戦法の切り札となる「伝家の宝刀」46cm砲搭載の艦隊決戦の要、「浮かぶ城郭」こと「大和」型戦艦が生み出された。さらに世界でもっとも航続距離の長い艦爆、艦攻、艦戦と、世界

三菱 G3M
九六式陸上攻撃機二型
コースターエアロ1/48
バキュームフォームキット
製作/清水秀春

日本海軍が漸減邀撃作戦の一環として開発した機体。陸上基地を発進して敵艦隊を攻撃するという任務をはたすべく、長距離飛行が可能な攻撃機として誕生した。雷撃と水平爆撃を行うことが可能な本機は、日中戦争に投入されて本来の任務である対艦攻撃ではなく対地爆撃に用いられ、攻撃機としての優秀性を示した反面、敵戦闘機の迎撃には脆弱であることが露呈した。

でもっとも射程距離が長い酸素魚雷も、日本がかつての日露戦争のときのように、講和を有利に導くべく期待をかけた「1回こっきりの艦隊決戦」で勝利するための必殺の戦技、アウトレンジ戦法の実現に向けて実用化されたのである。

実はこの「1回こっきりの艦隊決戦」が日露戦争の日本海海戦に範を取っていることや、漸減「邀撃」の言葉が明快に示しているごとく、日本海軍の戦略方針は「邀撃」であって「外征」ではない。もしも「外征」に主眼を置いた艦隊を構築するとなると、戦闘に直接参加する艦艇だけでなく、その戦闘艦艇への兵站に携わる支援艦艇も大量に揃えなければならないが、これは乏しい予算でやりくりをしている日本海軍には荷が勝ちすぎていた。そして「卵が先か、鶏が先か」ではないが、「（日露戦争での）1回こっきりの艦隊決戦での大勝利イコール講和時の有利な条件」の経験が「講和時の有利な条件イコール1回こっきりの艦隊決戦での大勝利」へと、日本海軍をなびかせたといえよう。

一方、太平洋戦争の勃発により、やがて「電波の千里眼」ことレーダーが長足の進歩を示すが、日本海軍は「異常に長い腕」の開発には心血を注いだものの、レーダーの開発はなおざりにしてしまった。そしてこのことが痛恨事と知るのは開戦後であった。

■外征海軍の必然をもたらしたオレンジ計画

アメリカは第一次大戦後の1920年代に、世界の主要国と戦争を行う際の予測を、カラーコード戦争計画として立案した。

この計画名は、対戦国ごとに試案が色名で呼び分けられていたことに由来する。例えば、対メキシコ案はグリーン計画、対イタリア案はシルバー計画といった具合だ。このとき、すでに対日本案はオレンジ計画と命名されていた。

しかし1930年代に入ると、同計画で設定されたアメリカ対単独国家という国家対国家の1対1の構図は、連合国対枢軸国という複数国対複数国に変化する。加えて兵器の性能も進歩したため計画自体が見直され、新たにレインボー計画が立案された。そして実際に第二次大戦が勃発すると、連合国は同計画内のサブ案のうちのレインボー5を雛形とした連合国統合戦略計画ABC-1を採択。これはヨーロッパでの勝利を第一、太平洋での勝利を第二に据えた計画だった。

このABC-1のうち、太平洋での作戦行動案の基礎となっていたのがオレンジ計画であった。カラーコード戦争計画のなかには、時代の変遷とともに実質上廃案となったものもあったが、オレンジ計画は1919年に立案されて以降、逐次改訂を加えられながら1924年に陸海軍合同会議で採用に至っている。ちなみに初期の同計画は、大きく三つのサブ案で構成されていた。

一つ目は、「アメリカの西の端っこ」となるフィリピンやグアムを堅固な要塞化し、有力な陸海軍部隊を常時駐留配備しておくという案だったが、これは予算的な面であまりにコストがかかりすぎ、実行が不可能と判断された。

二つ目は、日本の攻勢を受けた際にフィリピンやグアムを可能な限り持久させ、その間に西海岸で派出兵力を整えて、準備が整い次第に艦隊が救援に出発。救援が成った後は日本近海で日本艦隊との艦隊決戦で雌雄を決し、勝利を得たあとは日本のシー・レーンを遮断。その国力の低下を図って継戦能力を削ぐという案だった。しかし当然ながら、日本がまさに漸減邀撃的な作戦を行うであろうことはアメリカ側も予測しており、さらに日本の軍事力の増大が続いている実情に鑑み、フィリピンやグアムが一定期間持久できる可能性が薄くなったため除外された。

三つ目は、距離的に遠すぎ、経済的にコストがかかりすぎるため、どう考えても守り切れないフィリピンやグアムはいったん手放して日本に占領させるのをやむなしとする。しかしその後、ハワイを起点として、中部太平洋の島嶼部に飛び石的に前進基地を順次構築。それらを足掛かりにした西進を続けてフィリピンやグアムを奪還し、さらには、その先にある日本本土の攻略を実施するという案だった。もちろん、このような動きに合わせて日本のシー・レーンも遮断する。

結局、三番目のサブ案に沿った形で史実は動いた。しかしこの案では、水陸両用戦で中部太平洋の島嶼を確保し、大艦隊に洋上補給を施して作戦行動期間の延長を図らねばならない。そこで、上陸作戦の主力となる海兵隊の輸送と支援を行う水陸両用戦専門の大艦隊と、燃料、食料、弾薬などあらゆる物資の洋上補給を行

▲トラック諸島の竹島に設営された海軍の航空基地。日本は4か国条約でミクロネシアの軍事基地化を禁止されていたため、同航空基地の設営は1934年に先行作業が開始されたが、本格的な造成は条約明けの1937年以降であった。

日本の漸減邀撃作戦の要諦は、まずフィリピンやグアムを先制攻撃で占領。アメリカ反攻艦隊が本土西海岸を発ち、中部太平洋の同国の最大の策源ハワイを経由して西進してくるのを潜水艦、中攻、水雷戦隊による逐次攻撃で「漸減」させ、ドイツから得た信託統治領、「マーシャル航空要塞」ことマーシャル諸島付近で海空兵力を全力投入した艦隊決戦を挑んでアメリカ反攻艦隊を壊滅させる、というものだった。だが日本は軍縮条約に含まれていた中部太平洋島嶼部の軍事利用禁止条項を遵守したため同航空要塞は未完成だったが、中攻の長い航続距離をもってすれば、ほかの島嶼からの出撃も困難ではなかった。また、特殊潜航艇「甲標的」はアメリカ反攻艦隊の予想進路上で母艦を発進して洋上襲撃を実施することになっており、ゆえに本来は広大な外洋での運用を意識した設計の小型潜航艇だったが、のちにこれをパールハーバー攻撃に代表される狭隘な港湾への襲撃に投入したため「犠牲多くして戦果少ない」結果となってしまった。

▲グアム島のスマイに設けられた海底ケーブル中継基地。同島は軍事上ばかりでなく、海底通信線の要衝としての価値も備えていた。1935年の撮影

▲フィリピンのキャビテ軍港上空を飛行するヴォートO2Uコルセア。停泊中の大型艦は給炭艦から水上機母艦に艦種変更された『ジェイソン』。遠方にはサングレー・ポイント海軍無線局の林立した無線塔が見える。1930年の撮影

う兵站専門の大艦隊（サービス・スコードロン）が編成されることになる。

このような戦略には、当然ながら空母が不可欠である。また、艦隊決戦と両用戦時の艦砲射撃を実施するため、大口径砲装備の戦艦も不可欠だ。その一方、アメリカはパナマ運河の全幅の都合（いわゆるパナマックス）で、戦艦や空母といった大型艦の全幅には制限を加えなければならない。

これらの要件を総合的に加味した結果、アメリカの戦艦や空母には、パナマ運河の通過が可能な全幅の制限と、それによる艦砲プラットフォームとしての限界内に収まる口径の主砲や、飛行甲板の形状が導入された。また、"ネイヴァル・ホリデー"と称された海軍軍縮条約の失効後に建造されることになったいわゆる「新戦艦」には、高速の空母機動部隊に随伴可能な速力が求められた。

かくて「条約明け」の「新戦艦」の建造方針が決まり、その嚆矢として条約制限を途中で解除した『ノースカロライナ』級が誕生。これにやはり条約制限を引きずった『サウスダコタ』級が続き、その呪縛から脱したアメリカ最後の戦艦『アイオワ』級でほぼ完成形に至ることになる。

主砲には、砲、砲架、砲塔、旋回装置、砲弾、装薬などすべての面で生産設備が整い、信頼性検証も済んでいるうえ「全幅の限界」にも対応可能な最大口径の艦砲の16インチ砲が選ばれ、副砲兼高角砲には発射速度が速く操作性に優れた5インチ両用砲を採用。これに対空と対艦の各捜索レーダーに射撃管制レーダーを装備。空母機動部隊に随伴可能な高速力も付与された。実際に太平洋戦争が始まると、戦艦対戦艦の「ヘヴィ級の殴り合い」ではなく、航空機という「スズメバチの大群」が主敵となるが、空母機動艦隊に随伴する「新戦艦群」は、装備した多数の対空火器の威力により強力な「空母直掩艦」であると同時に、堅固な装甲防御力を盾とした「損害吸収艦」として大いに活躍することになる。

一方、空母にかんしては"ネイヴァル・ホリデー"中に建造された『ヨークタウン』級が一応の完成形となったため、その改良型の「エセックス」級の設計が進められて、建造に着手したところで太平洋戦争の勃発を迎えることになった。

ちなみにこの『エセックス』級、太平洋戦争の勃発にともなって実に32隻もの量産が計画され（実際には終戦までに17隻、戦後7隻の24隻が完成）、アメリカ海軍自らが時に本級を公文書などで「戦時標準型艦隊空母」と表現するほどだった。

🇺🇸 オレンジ作戦による対日反抗作戦

アメリカのオレンジ計画の要諦は、緒戦で日本に奪取されたフィリピンとグアムの奪回を図りつつ、その過程での戦闘と開戦後の戦闘で、日本側に大きな犠牲を強いるというものだった。本土太平洋側の増援艦隊が西海岸を発って中部太平洋のアメリカ海軍戦略の要衝ハワイに向かい、大西洋艦隊もまた、太平洋方面への分遣艦隊をパナマ運河経由でハワイへと向かわせる。そして両者は在ハワイの太平洋艦隊主力と合流してフィリピンとグアムの奪回に出撃するが、航程途中での日本側の邀撃は必至であり、これには、逆に大損害を与えて撃退することが考えられていた。また、この航程では中部太平洋島嶼部に中継基地や前進基地を設ける必要があるため、海兵隊を運ぶ水陸両用戦艦隊を帯同。確保された前進基地での補給修理に携わるだけでなく、洋上補給や洋上修理を担うサービス・スコードロンが、最前線の空母機動部隊や水陸両用戦艦隊の後方にフリート・トレインとして続き、各種物資を円滑に供給する手筈が考えられていた。

1920～1930年両軍戦力の推移

日本海軍は、日露戦争の日本海海戦における戦訓や漸減邀撃作戦を重視していたという観点からもわかるように、その実情はいわゆるブルーウォーター・ネイヴィー（外洋海軍、外征海軍）ではなくグリーンウォーター・ネイヴィー（地域海軍、邀撃海軍）であった。ゆえに海軍軍備の造成も戦闘艦艇重視であり、外征に不可欠な洋上補給に適した能力を備える支援艦艇はほとんど顧みられていない。というか、もし日本海軍が外征海軍として支援艦艇の建造にも力を入れたとしたら、海軍予算の兼ね合いもあってその分、戦闘艦艇の建造隻数が減少したことだろう。

一方、アメリカ海軍はかつてのグレート・ホワイト・フリートの世界一周や、太平洋と大西洋の両洋に艦隊を配備しなければならないという宿命から、単なる艦隊の回航だけでなく、当時の「政戦略軍事力」の要であった主力艦を中心とした大艦隊を、必要に応じて世界中に派遣することを考えていた。

そのためには支援艦艇の充実が不可欠だと判断していたが、平時には戦闘艦艇、それも建造に時間がかかる主力艦を優先して建造するという方針だった。なぜなら、戦争の兆候などが察知された場合には、支援艦艇は商船の改造や改修によって短期間で大量に揃えられると見込めたからである。

1922年（ワシントン軍縮条約締結時）の両軍戦力

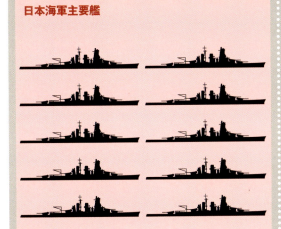

日本海軍主要艦

日本海軍はもっとも古い『扶桑』型、ネームシップをイギリスで建造した巡洋戦艦『金剛』型など戦艦10隻を擁していた。
この頃はまだ航空母艦は黎明期であり、艦隊決戦の主力となり得るのか、はたまた偵察程度にしか使いようがないのかという点が明確にはなっていなかった。

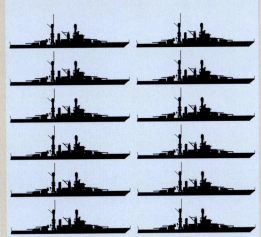

アメリカ太平洋艦隊主要艦

アメリカ海軍は戦艦12隻を太平洋に配備しており、すでにこの時期には仮想敵国とされていた日本よりも、わずかに2隻多いだけにすぎない。
だが大西洋における最大の仮想敵国だったドイツが第一次世界大戦に敗れてホッホゼー・フロッテを失った結果、アメリカ海軍が警戒すべきは太平洋方面だけとなった。当時はまだ『ヴァージニア』級、『コネチカット』級、『サウスカロライナ』級、『デラウェア』級、『フロリダ』級などが在籍していた。

アメリカ大西洋艦隊主要艦

大西洋に配備された7隻の戦艦は、ヨーロッパや地中海方面と南米の大西洋岸諸国に睨みをきかすためのものだった。しかし第一次世界大戦後の国際情勢の一時的安定や、アメリカの軍事予算上の問題もあってすぐに削減されることになる。

1939年（第二次大戦勃発時）の両軍戦力

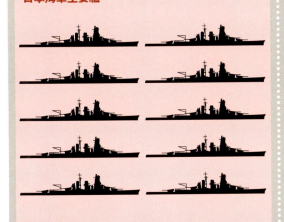

日本海軍主要艦

日本海軍の戦艦の総隻数は1922年と変わらぬ10隻ながら、『扶桑』型、『金剛』型などを筆頭に、一部の艦には近代化改装が施されて性能の向上が図られていた。また、この時期になると航空母艦の有用性が確認されており、日本海軍は軍縮条約によって誕生した戦艦改造の『加賀』や巡洋戦艦改造の『赤城』など艦隊空母4隻を保有していた。
ヨーロッパでの第二次世界大戦の勃発は、日本の戦艦や空母の建造計画を推進することとなった。

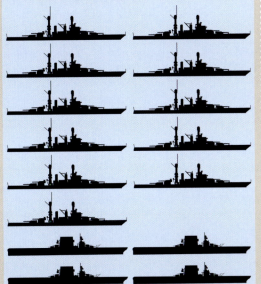

アメリカ太平洋艦隊主要艦

アメリカ海軍の太平洋艦隊の戦艦の隻数は、ワシントン軍縮条約締結時に比べて1隻少ない11隻となっていた。
その代わり、日本海軍と同じく軍縮条約によって巡洋戦艦を改造して誕生した『レキシントン』級の2隻を筆頭に、日本海軍の空母機動部隊に対抗するため艦隊空母4隻が配備されていた。
さらに条約明けの建造計画で着工されている新造の戦艦や空母が複数隻、近々に就役することになっていた。

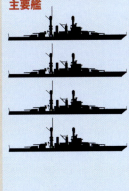

アメリカ大西洋艦隊主要艦

大西洋艦隊の戦艦の隻数は、ワシントン軍縮条約締結時に比べて実に3隻も少ない4隻だが、これは同盟関係にあるイギリスが大西洋中部までと北海方面を、また、フランスが地中海方面の制海権を獲得しているという前提に基づく削減であった。

■パールハーバー攻撃関連年表

● 1935年
12月2日　のちにパールハーバー攻撃の発案者となる山本五十六が日本海軍航空の総本山、海軍航空本部長に就任。

● 1939年
8月30日　前任者の吉田善吾に代わって山本、連合艦隊司令長官に就任。

● 1940年
アメリカ太平洋艦隊が根拠地をパールハーバーに移転。日本は同艦隊全体の太平洋中央部への進出を危険視。一方、山本はアメリカのこのような動向に対して、日本海軍が従来から研究してきた場所と時間があるていどの幅で制限される伏撃型作戦の漸減邀撃作戦ではなく、こちら側が戦いを挑む場所と時間を自由に決められる先制攻撃のほうが、巨大な敵であるアメリカを叩くには有利だと考えるようになった。

7月　アメリカのルーズヴェルト大統領は軍需産業に不可欠な航空燃料、鋼鉄、鉄くずの対日輸出を禁止。

8月　アメリカ通信情報部のウィリアム・フリードマンが日本の暗号、通称「パープル（紫）」を解読（解読内容はのちに「マジック」情報と称される）。

9月3日　アメリカは駆逐艦・基地協定（Destroyers for Bases Agreement）に基づき、カリブ海とニューファンドランド島のイギリス領の基地使用権をイギリスから得た代償として、第一次大戦型の旧式駆逐艦50隻をイギリスに供与。

9月11日　奥田乙治郎がハワイ副領事に就任。マスメディアの報道や自身の実地調査に基づくアメリカ太平洋艦隊と在ハワイのアメリカ軍基地全般の監視・情報収集を開始。

9月27日　ベルリンにて日独伊三国軍事同盟締結。この事態に山本はアメリカとの開戦を懸念。

11月12日　イギリス海軍が、イタリア海軍の根拠地タラントに対する夜間航空奇襲作戦「ジャッジメント」を実施。ソードフィッシュ雷撃機の夜間雷撃によりイタリア地中海艦隊の主力艦群に大打撃を与えた。

12月29日　ルーズヴェルトが炉辺会談のラジオ放送で「アメリカはデモクラシーの兵器工場である」という、のちのレンドリース法施行にかかわるメッセージを発言。

12月30日　パールハーバーに対する航空攻撃が実施される可能性は捨てがたく、当然ながらその際には空母艦上機が用いられることになる、という内容の意見書を、アメリカ海軍のブロック少将が海軍上層部に提出した。

● 1941年
1月1日　日本社会がそれまでの外交の低調ぶりに失望しており、一般的な世論の方向が戦争に向かっているということを、日本のマスメディアが頻繁に報じている事実をアメリカは知るべきで、日米開戦への危機感を持つべきだと、アメリカ駐日大使グルーが認識。

1月7日　山本が及川古志郎海軍大臣に私信を送付。「対米英必戦を覚悟して」との前書きのあとはパールハーバー攻撃にかんする具体的な作戦計画の内容におよんでおり、自身が同作戦の総指揮官となることを熱望。

1月24日　近衛が大東亜共栄圏構築の重要性を主張。一方、山本はアメリカの国力と国民性を見据えて、降伏させるには最終的にホワイトハウスにまで乗り込まねばならない可能性を示唆。

1月27日　日本がドイツ側に立って参戦した場合、まずヨーロッパに立国するドイツを敗北させ、しかるのちに太平洋地域の日本を降伏させるという戦争に対する基本方針がアメリカとイギリスの間で合意をみる。グルーが日本によるパールハーバー攻撃の可能性を報告する一方で、日本海軍の前田孝成大佐はパールハーバーの浅海面では通常の航空雷撃は不可能と発言。

2月1日　アメリカ太平洋艦隊司令長官にハズバンド・キンメル大将が就任。一方、陸軍ハワイ軍管区総司令官にはウォルター・ショート中将が就任。

2月5日　キンメルはノックス海軍長官から、対日開戦は日本のパールハーバー攻撃が端緒になる可能性が高いという示唆を受ける。この提示には、併せてハワイ防衛は海軍だけでは成し得ないので、陸軍とも緊密な関係を築いて情報の共有化などを図ることが要望されていた。そしてその第一歩として、パールハーバー攻撃の可能性を陸軍にも伝達し、互いに協力し合う土壌づくりを期待した。

2月12日　駐米大使に就任した野村吉三郎がアメリカ国務長官コーデル・ハルにその旨を通告。

2月15日　先にノックスの示唆を受けていたキンメルは、アメリカ太平洋艦隊の全体ミーティングの席上、日本がパールハーバーへの攻撃を考えている可能性が高いことを説明。在泊中の艦艇や港湾施設の防衛について懸念を示し、その研究を要望。

2月中～下旬　山本が当初に漠として考えていたパールハーバー攻撃の手法のひとつに、艦上機の片道出撃も含まれていた。大西瀧治郎少将はこの案を航空参謀源田実中佐に示したところ、源田は艦上機部隊の使い捨てを拒絶。代わりに、日本の艦隊空母全艦のハワイへの全力出撃と、作戦の最重要目標が敵空母の殲滅以外にはないことを力説した。さらに空襲は雷撃隊、水平爆撃隊、急降下爆撃隊の三者すべてが総力を投じて戦果拡大を図るべきと主張。そして源田は、パールハーバー攻撃の要点を「奇襲」、「主目標は空母」、「副目標として敵航空機とその基地」、「日本海軍の全艦隊空母の一括投入」、「艦上機全機種の合同投入」、「早朝攻撃」、「機動部隊への洋上補給の必要性」、「作戦の厳重なる秘匿」、「同作戦への海軍の全力出撃」と、自案の概要をまとめた。このように、パールハーバー攻撃に対する山本の原案が「アメリカ太平洋艦隊の出鼻を挫く」ことだったのに対し、源田案は「敵空母を最重要目標に掲げたアメリカ太平洋艦隊の徹底的な殲滅」という明確なビジョンが示されたものであった。

2月27日　定期的かつ詳細なハワイ領事館による敵情偵察情報暗号電文は、アメリカ太平洋艦隊や陸軍航空隊の動向を逐次報告してくるが、ほぼ一週間単位での出入港と停泊が反復され、停泊時には投錨位置の変更が頻繁に行われている旨を通報。

3月5日　外務省は野村大使に対し、アメリカ側が日本側の一部の暗号電文を解読している可能性が高いという極秘情報を通告。

3月10日　パールハーバー攻撃にかんする源田案を概ね支持した大西は、彼の案を下敷きにしつつ、各部に修正を加えた作戦計画案を山本に上申。

3月11～12日　アメリカ下院がレンドリース法（武器・物資供与法）を可決。これにより、アメリカにおける、枢軸各国と対立関係にある連合各国への武器と物資の供与が合法化された。

3月20日　野村が、日本側暗号の一部がアメリカにより解読されている可能性がきわめて高いことを外務省に警告。しかし日本側は暗号の強度に信を置いてこの警告を軽視した。

3月27日　外務省書記正森村正（海軍密偵吉川猛夫予備役少尉の偽名）がハワイ総領事館に着任。パールハーバー内のアメリカ太平洋艦隊各艦種の停泊・投錨状態を詳細に調査のうえ報告を開始する。

4月1日　アメリカ海軍情報部が調査情報として枢軸側の攻撃が土・日・祝日に多い点を各部署に警告。休日における警戒態勢の整備と強化を要請。

4月10日　日本海軍が第一航空艦隊を編成。これは「赤城」と「加賀」を擁する第一航空戦隊、「飛龍」と「蒼龍」を擁する第二航空戦隊、「翔鶴」と「瑞鶴」を擁する第五航空戦隊の空母計六隻を傘下に保有する、当時、世界最強の比類なき空母機動部隊であった。

4月13日　日ソ中立条約が締結された。その結果、大陸方面での国際情勢の安定化が促進されることとなり、日本は太平洋地域での開戦が有利になったと判断した。

4月15日　アメリカが対日戦を戦っている蒋介石の中国に対し、兵器や軍需物資などの本格的な供給を開始。

4月21日　東南アジア方面の安全保障にかかわるアメリカ、イギリス、オランダ領インドネシア（オランダ本国はこの時点ですでに亡命政権となっている）の各々の行政関係者と軍需関係者が集まり、海峡植民地への日本の侵攻が行われた場合の行政面と軍事面での対応、特に具体的な軍事防衛計画について検討された。

4月23日　アメリカ陸軍のB-17重爆撃機を多数ハワイに配備することで、周辺海域の偵察と接近する敵艦隊への攻撃が可能になると考えていた陸軍参謀総長ジョージ・マーシャル大将は、海軍畑出身のルーズヴェルトの指示によるアメリカ太平洋艦隊のハワイ母港化に疑問を呈した。

4月28日　アメリカが太平洋艦隊の一部の大西洋への分遣を決定。「ニューメキシコ」、「ミシシッピ」、「アイダホ」の各戦艦と艦隊空母「ヨークタウン」、軽巡洋艦4隻、駆逐艦17隻、油槽船3隻、輸送船3隻、補助艦艇10隻が振り向けられることになった。

5月中旬　アメリカが日本側暗号の一部を解読している と野村が再び外務省に報告。

5月26日　吉村がパールハーバーから戦艦3隻、軽巡洋艦3隻が姿を消したと通報。これらの艦は大西洋へと向かった。

5月27日　ルーズヴェルトが国家安全保障上の非常事態を宣言。

6月14日　アメリカがドイツとイタリアの在アメリカ資産を凍結。

6月16日　在アメリカのドイツ領事館閉鎖。

6月17日　ドイツが国内アメリカ資産を接収。

6月22日　在アメリカのイタリア領事館閉鎖。

6月26日　ドイツと休戦関係にあるヴィシー・フランス政府がフランス領インドシナ（仏印）への日本の進駐を承認。ルーズヴェルトが日本の在アメリカ資産を凍結。

7月28日　アメリカが対日石油禁輸を発動。日本船籍船舶のアメリカの港湾使用もあわせて禁止とした。

9月24日　ハワイ総領事館に対して、ハワイ全域とパールハーバーにおける情報収集活動のいっそうの強化を要請。

10月18日　第3次近衛内閣総辞職。陸軍大将東条英機が首相に就任。東条内閣組閣。

11月5日　山本が、パールハーバー攻撃も含む開戦時における海軍の南方での作戦行動の指針を明示した「機密連合艦隊命令作第一号」を公布。

11月10日　イギリス政府は、日本とアメリカが開戦した場合、同国政府も1時間以内に日本に宣戦布告する旨を表明。

11月22日　日本政府は日米交渉の最終期限を同日から25日へと繰り延べする旨を明示した外交極秘電を野村に送達。だがこの電文はアメリカによって傍受された。

11月26日　機動部隊が択捉島単冠湾を抜錨。一路ハワイへと針路をとる。

11月27日　日米交渉決裂が在ハワイの陸・海軍の最高司令官たるショートとキンメルに伝達される。併せて警戒態勢の強化も命じられる。海軍はウェーク島とミッドウェー諸島に防衛増援用の航空機25機を分遣。

12月2日　アメリカは日本政府が在アメリカ公館に宛てた暗号表破棄命令を傍受。

12月6日　全14部という大部の対アメリカ最後通牒の暗号電の解読文がルーズヴェルトの元に届けられる。同暗号電付属の取扱指示書には、ワシントン時間の12月7日13時になるまでアメリカ側に交付してはならないという趣旨が記されていた。

12月7日（日本時間8日）　パールハーバー攻撃。アメリカ側は甚大な損害を被る。

12月8日　ルーズヴェルトがパールハーバー攻撃を「最大の恥辱の日（Day of Infamy）」と演説し、アメリカ議会が対日宣戦布告。同日、山下奉文中将の第25軍がタイとマレーの国境部に上陸し、海峡植民地（マレー半島とシンガポール）を席巻する「E」作戦、いわゆる「日本軍版電撃戦」が開始される。

12月11日　ドイツとイタリアがアメリカに宣戦布告。

12月12日　日本軍、南海支隊を主力とした「G」作戦をもってグアム島を占領。

12月23日　日本軍はウェーク島に対し、同月8日から実施した第一次攻略戦で惨敗後、21日に捲土重来を期した第二次攻略戦をおこなって占領した。

12月25日　同月8日から実施された「C」作戦により香港が陥落。

● 1942年
2月15日　海峡植民地攻略戦の最終到達地であるシンガポールが陥落。

第 2 部
開戦前夜

日米交渉の決裂により日本政府は対米開戦を決意する。戦力的に勝るアメリカ艦隊に対して日本海軍は精鋭空母部隊による奇襲作戦を立案、その準備を進めていく。ここではその過程と編成された南雲機動部隊について解説する。

愛知 E13A 零式水上偵察機 一一型
Aichi E13A [Jake]Type Zero Reconnaissance Seaplane
ニチモ 1/48 インジェクションプラスチックキット
製作／松本州平

一応「水上偵察機」と称されてはいるが、本機が採用された1940年当時としては世界的にもトップクラスの優秀な汎用水上機で、3座のため空戦こそ困難だったが、小型爆弾を収納可能な爆弾倉を備えており対潜哨戒などにも従事。艦載機として沿岸基地からも運用された。連合軍コードネームは"ジェーク"。

1941年日本軍の作戦計画	12
単冠湾錨泊体形 1941年11月23日	16
南雲機動部隊編制 1941年12月8日	18

主要資源地帯をすばやく確保せよ
1941年日本軍の作戦計画

1930年代後半より急速に悪化した日米関係を受け、日本はついに開戦を決意する。日本軍は蘭印の資源地帯の攻略を戦略的目的としたが、そのためにはまずアメリカ太平洋艦隊を無力化する必要がある。そこで開戦劈頭、ハワイにてこれを叩くという作戦計画が立案されることとなる。

文／白石 光

■日本の勢力拡大を恐れる欧米列強

第一次世界大戦を連合国側に立って参戦したことは、日本が中国と太平洋地域に軍事的、経済的な勢力圏を拡大するうえで大きな利益的効果を及ぼした。しかしこのような日本の勃興は、太平洋地域での利権拡大と支配権の確立に余念がないアメリカ、極東やアジアにすでに大きな既得権益を確立しているイギリス、産油地のオランダ領インドネシアを「遠隔の内地」という考え方に基づいてその支配権を維持し続けているオランダなどの欧米列強にとって、憂慮すべき事態であった。

世界的規模の大戦争（第一次世界大戦）という非常事態にあっては一国でも味方となる国がほしかった反面、いざ平和が訪れれば、アジアの一新興国家ごときに大きな顔をさせたくないというのが、欧米列強の本音だったのである。

特にアジア全域や太平洋地域に日本が勢力を拡大することで日米関係は急速に悪化。アメリカによる日本製品に対する不買措置や輸入制限、日本への戦略物資の輸出禁止措置といった問題へと発展した。

このような事態が生じると、輸出による外貨獲得が国家の経済面で重要な位置を占めていた日本は苦境に立たされることになる。国家としての国際的権益はいっそう獲得、拡大したいところだが、それが原因で輸出によって成り立っている経済が破綻しかねないという二律背反に至ったのだ。

悪化の一途をたどる日米関係をなんとか改善すべく、日本は国際法の権威で外交経験豊かな野村吉三郎を駐米大使に任命した。野村はアメリカの政府筋や外交筋での評判もよい人物だったのでまさに適任といえたが、英語力にやや劣る点が些細な弱点であった。そしてこの人選は、日本が日米関係の悪化を食い止めるだけでなく改善まで模索しているという印象を、一時的にせよアメリカ側に与えることとなった。

だが、戦争回避のための努力の一環として来栖三郎を「第二の大使」として特命大使の名目で送り込むと、アメリカ側は今度は態度を硬化させた。というのも、来栖が日独伊三国同盟に署名した張本人だったからである。しかし彼自身は、アメリカ人女性と結婚している親米家ではあったのだが。

しかしその一方で、日本はすでに進出している中国での利権拡大に加えて、アジアのいわゆる南方資源地帯への進出と利権拡大を考慮していた。欧米列強が資源の供給を渋っている以上、なんとか自力でそれを入手しなければならないという考え方が、日本国内での主流となりつつあったのだ。

かような状況下にあって、日ソ中立条約の締結は、日本の南方への進出方針をいっそう煽ることとなった。この条約が締結されたことで中国における日本の利権の安定性が増し、その分、南方に力を注げるからだ。

太平洋戦争が勃発する年の1941年、日本はすでに満州、朝鮮半島、モンゴルの東側の三分の一、中国の上海、台湾、さらにドイツと休戦したフランスの領土であるインドシナを傘下に収めており、これらアジアの日本勢力圏に対して、欧米列強は対策の講じようがなかった。

そのため欧米列強は危機感を強めたが、そんな最中の同年10月、東条英機陸軍大将を首相とする内閣が発足し、本人は陸軍大臣も兼任した。同内閣は、日本の立場としての筋の通った主張と相応の譲歩案を欧米列強に呈して理解を求めたうえで、それが認められない場合に限っては、開戦もやむなしという立場を取らざるを得ない状況にあった。

日米間の暗雲がますます濃くなるなか、日本はアメリカに対して、その期間にかんしては長期に渡るものの、中国からの撤兵も視野に入れた妥協案（甲案と乙案）を提示した。これは日本側としては最大限の譲歩ともいえる内容の案といえた。野村は日米問題の解決と、なによりも戦争勃発を回避すべく、コーデル・ハル国務長官との会談を重ねていた。

しかしアメリカ側からは、日本は中国や太平洋地域の既得権益を一歩も譲歩する気がないように見えており、交渉は膠着状態に陥った。アメリカとしては他国の国際間問題に不干渉のように見える姿勢を示しつつも、日本の中国や太平洋地域、アジアへの進出に不快感と干渉を示した。

アメリカでは、日本の出方が検討されていた。さすがの日本でも、もし戦端を開けばアメリカのみならずイギリスやオランダの参戦を招くのは必至であり、日本が外交的にこの2国の参戦を防ぐ手段を持ち合わせていない以上、ぎりぎりのところで大譲歩をしてくると考える者がいた。だが一方で、イギリスとオランダはその母国がはるかなヨーロッパであることから、日本が短期決戦という「博打」に出るのではないかと危惧する者もいた。そしてその場合、今やアメリカにとって太平洋地域のキーストーンとなっているハワイが真っ先に襲われる可能性は否定できなかった。

当時の日本が漸減邀撃作戦を主戦略としていたことは前項で既述済みだが、この事実は、もちろんアメリカ側も承知していた。さらに日本がセオリー通りを好むことも理解していたため、もしも開戦した場合にはフィリピンやグアム島が危険に晒されることになっても、パールハーバーが直接襲われる可能性は低いと考えられていた。もちろん、アメリカにもパールハーバーが襲われる可能性を考察する者が皆無だったわけではないが、それを声高に警告するだけの情報の裏打ちが欠けていた。

■狙うはパールハーバー

遡ること1940年9月。日独伊三国同盟締結後に連合艦隊司令長官山本五十六は、時の首相だった近衛文麿公爵の秘書官原田熊雄男爵にこう言ったという。狂気の沙汰のような事態だが、こうなっては全力を尽くすしかない。自分はきっと旗艦『長門』艦上で戦死するだろう。その頃には東京は灰燼に帰し、日本は最悪の局

近衛文麿
Fumimaro Konoe

1891年、鎌倉時代に制定された五摂家（藤原家嫡流の名門）である近衛家に生まれる。三度にわたり内閣総理大臣を務める。第一次内閣では盧溝橋事件をきっかけに日中戦争が拡大し、1939年に総辞職。しかし政府の混乱が続き、1940年には第二次内閣を与って日独伊三国軍事同盟を締結するも、翌年七月に松岡外務大臣の更迭をめぐり総辞職。即座に成立した第三次内閣で対米交渉を進めるが、戦争が不可避になると同年十月に政権を投げ出した。その二ヵ月後に真珠湾攻撃が行われる。終戦工作に積極的であったが、A級戦犯に問われると1945年暮れに服毒自殺した。

フランクリン・デラノ・ルーズヴェルト
Franklin Delano Roosevelt

1882年生まれのアメリカの政治家で、1933年に民主党から第三十二代アメリカ合衆国大統領に選出された。選挙でヨーロッパでの戦争には関与しないという主張をしていたことから、第二次世界大戦勃発時には中立であったが、イギリスの敗北を避けるため、参戦の機会をうかがっていた。日本には強圧的な姿勢をとったため、日本を開戦へと追い込むためとも言われ、敢えてパールハーバー攻撃の兆候を握りつぶしたとの陰謀論はいまでも根強い。戦争指導中の1945年4月に脳卒中で現職のまま死去した。アメリカの難局を指導した、二十世紀でもっとも重要な政治家の一人である。

日本軍による蘭印侵攻
1941年12月～1942年3月

　日本はパールハーバー攻撃と時期を同じくして、南方資源地帯への電撃的侵攻を企図していた。海峡植民地の油ヤシやゴム、経済的植民地としてのフィリピン、そして最重要のオランダ領インドネシアの石油などは、いずれも日本の開戦理由ともいえる資源である。

　この電撃的侵攻を海軍は「第一段作戦」、陸軍は「南方作戦」と称し、その名称すら異なっていた点に、海軍と陸軍の思想の違いを見ることができる。同じ日本という国の海軍と陸軍がそこそこ協力しながら国益のために戦争をするという考え方こそ存在していたが、両軍が国軍として統合された作戦方針の下に戦っていたわけではないのだ。

　ただ、南方資源地帯占領後、漸減邀撃作戦に基づいてアメリカ太平洋艦隊を誘致し殲滅。しかるのちにビルマやインドの独立を促進すると同時にオーストラリアとイギリスのシー・レーンを遮断し、ヨーロッパのドイツやイタリアと連携してイギリスを屈服させる。そして独ソ戦と対蔣介石戦を勝利に終わらせたあと、オーストラリアとアメリカのシー・レーンの遮断や、フィリピンの現政権を維持してアメリカとの関係を保たせるなどといった懐柔策により、アメリカの継戦意志を喪失させて戦争を終わらせるという遠大な構想も考えられていた。

　しかしいずれにしろ、パールハーバーでの大勝利と同様に「第一段作戦」（「南方作戦」）も大勝利に終わり、日本の政戦略方針に驕りや昂ぶりが生じたのもまた現実であった。

山本五十六
Isoroku Yamamoto

海軍兵学校第三二期生。少尉候補生として装甲巡洋艦「日進」に乗り組み、日本海海戦を体験している。早くから航空兵力の将来性に気付き、1930年に海軍航空本部技術部長に就くと、航空主兵論者として航空戦力の増強に尽力する。ただし海軍全体でのコンセンサスはなく、「大和」型戦艦の必要性も理解していた。海軍次官を経て、1939年8月に連合艦隊司令長官に就任すると、対米戦に備えた戦略の一環として空母機動部隊による真珠湾奇襲を立案して成功に導く。しかしミッドウェー大敗後、い号作戦の督戦でブーゲンビル島上空を護送中を撃墜され、戦死した。

ハロルド・レインスフォード・スターク
Harold Rainsford Stark

1880年生まれ。アナポリス海軍兵学校卒業後、第一次世界大戦では船団護送任務に従事する。1959年8月に海軍作戦部長に就任すると、スタークス案と呼ばれる、大西洋と太平洋で同時に作戦可能な艦隊保有構想をまとめあげ、1940年に両洋艦隊法として成立した。ところが、参戦して間もなく、海軍の指揮権をめぐり合衆国艦隊司令長官のアーネスト・キング大将と衝突すると、1942年3月に大統領から罷免された。キング大将は艦隊司令長官兼務のまま作戦部長になり、連合軍を勝利に導いた。しかしその原動力はスタークが道筋を付けた大艦隊にあったのである。

川西 H8K2
二式大型飛行艇一二型
ハセガワ1/72
インジェクションプラスチックキット
製作／横山統一郎

1942年3月4日、世界から傑作と評される2式大艇は、その長大な航続距離を活かし、途中で潜水艦からの給油を受けてパールハーバーへの第2撃となる「K」作戦を実施した。同作戦では2機の2式大艇が計8発の250kg爆弾をパールハーバーに投下したものの、道路などを損傷したにすぎなかった。

面を迎えているに違いない、と。だが「軍人山本」は、それでも勝利への途を模索しないわけにはいかなかった。実は彼の覚悟を決した発言の半年前の同年3月、合同演習での飛行機隊の成果を見た山本は、参謀長福留繁少将に「あれでハワイをやれないものかな」と漏らしたのが、パールハーバー攻撃にかんする最初の発言だったともいわれる。

このときの発言は、その後に討議されることもなく終わった。当時の山本は、とにかくいかような手段をもってしても、場所すらも問うことなくアメリカ太平洋艦隊の主力を叩くことが肝要と考えていただけで、パールハーバー攻撃をすでに案として固めていたわけではなかったらしい。

しかし1941年の声を聞く頃には、山本のなかでパールハーバー攻撃案が形を成してきていたことは間違いない。彼は信頼する後輩の一人である第十一航空艦隊参謀長大西瀧治郎少将に相談した。大西は山本の発案の博打性に驚かされたが、話を持ち帰ると、自身の先任参謀前田孝成大佐にフォード島周りのバトルシップ・ロウに係留されたアメリカ戦艦への雷撃の可否を聞いた。

前田の答えは、湾内の水深が浅いため現状では不可能であり、航空魚雷に対するなにか画期的な技術革新でもない限りはどうしようもない、というものだった。その代わり、戦艦の重装甲を打ち破れる水平爆撃を進めたが、大西は命中精度の点で急降下爆撃にこだわった。2月になると、大西は第一航空戦隊参謀源田実少佐を呼び寄せ、極秘であることを周知させたうえで山本のパールハーバー攻撃案を話すと、投入すべき航空戦力について検討するように命じた。

源田の草案を受けた山本は、自身の首席参謀黒島亀人大佐と戦務参謀渡辺安次中佐にさらなる研究と検討を託した。そうこうしているうちに同年4月、艦隊空母5隻と駆逐艦10隻を編成して第一航空艦隊が創設された。強大な空母兵力の集中運用を試みた世界初の例だが、これはパールハーバー攻撃時にも有効に機能すると思われた。だが、同艦隊司令長官に任じた南雲忠一中将は元来が「水雷屋」で航空畑の人間ではなく、開戦後にはこの点が問題となることもあった。

1941年9月、目黒の海軍大学校で図上演習が実施された。本来なら例年11月に開催されていたのだが、逼迫した情勢に鑑みて前倒しとなったのだ。このとき、パールハーバー攻撃の図上演習は2回行われ、最初は日本艦隊が大損害を被ることになった。だが二度目は上首尾に終わり、南雲は俄然現実味を帯びてきたパールハーバー攻撃に戸惑いを覚えるほどだったという。

■次々に解決された問題点

今や「Z」作戦と命名されたパールハーバー攻撃は、机上や図上での研究や検討の段階を終えて、いよいよ実技訓練へと歩を進める段階となった。そしてパールハーバーへの艦上機による攻撃では、大重量の徹甲爆弾を用いて戦艦の装甲貫徹を狙う水平爆撃、中型徹甲爆弾を用いた命中精度の高い急降下爆撃、さらに敵艦を浸水させて沈没に至らせる航空雷撃と、当時の航空機による艦船攻撃手段の全部が行われることに決まった。

第一航空艦隊飛行機隊の搭乗員の練度はもともと高かったが、厳しい訓練が続いてますます磨きがかかった。特に10月に入ると、鹿児島湾をパールハーバーに見たてて九七式艦攻を使った浅海面雷撃訓練が始まった。機首角0度、速力160ノット、高度20mという3条件をクリアーしない限り、平均水深12mのパールハーバーでの雷撃成功は見込めない。だがこれは、艦攻乗員たちが従来教えられてきた安全基準を逸脱した危険飛行であった。

この訓練に際して、のちにパールハーバー攻撃隊の総指揮官となる淵田美津雄中佐、同じく第一次攻撃隊雷撃隊長を務めることになる村田重治大尉（当時）、そして源田らは、航空魚雷の沈降深度をパールハーバーの平均水深に合わせた約12mにまで浅くしなければならないと要求した。普通、航空魚雷は投射直後にいったん深くまで潜り込む。特に当時の日本海軍が使用していた九一式航空魚雷は重量が約840kgもあり、規定の投射高度の100mから投射すると、実に水深50〜60mにまで潜行し、それから定深度まで浮上して目標へと驀走する。だが水深が浅いパールハーバーでは、これほど潜り込むと航空魚雷は海底の砂泥に突き刺さってしまう。

そこでこの潜行の問題を解決すべく、深く沈み込まない浅沈度魚雷と浅沈度投射法を急遽開発することに

松岡洋右
Yousuke Matsuoka

1880年生まれの日本の外交官、政治家。外務省から満鉄総裁に転じ、1930年に衆議院議員に選出された。持ち前の豊富な留学経験を活かして日本の外交を主導した。折しも満州事変で日本が苦境に立たされていた中で、松岡は強硬な姿勢を崩さずに国際連盟を脱退し、枢軸国との連携を模索して三国軍事同盟を主導する。ただしこれは彼が好戦的であったわけではなく、戦争を回避するために必要な方策という信念による判断であり、実際に戦争に突入すると、過去の判断を悔いていた。敗戦後はA級戦犯として追及されたが、病状が重く、1946年に東大病院で死去した。

コーデル・ハル
Cordell Hull

1871年生まれのアメリカの政治家。若い頃より法曹界で頭角を現し、下院議員、上院議員を経て1933年にルーズヴェルトの元で国務長官に任命された。彼は東アジアにおける日本の伸張をアメリカにとっての危機ととらえており、1940年からの一連の対日交渉では、終始、強気の態度を崩さなかった。1941年11月に彼が日本に提示した「ハル・ノート」が最後通牒と受け取った日本は、追い詰められて対米開戦に踏み切った。外交交渉が破綻し、結果として日本との戦争の道を開いたことから、国務長官としての評価は常に論争がある。1945年にはノーベル平和賞を受賞した。

なった。幸いにも村田は以前から浅沈度雷撃の研究をしており、新型の魚雷沈下度安定器を装着した九一式航空魚雷改2型を開発。これを使った新投射法を編み出して見事に問題を解決した。

ところが大村海軍航空廠で実施された新型魚雷の改造と調整が遅延。そこで、同じ九州の佐世保軍港所属の空母「加賀」がこれを受け取って単冠湾まで輸送し、かろうじて間に合わせたのだった。

人間の能力ではクリアーできない機能的問題がこうして解決される一方で、命中精度にかんしては、厳しい訓練のおかげで著しい向上をみた。訓練終了に近づいた頃には、なんと命中率約7割という驚異的な数字に達していたのである。

雷撃と同じく九七式艦攻によって行われる水平爆撃に際しても、アメリカ戦艦の堅固な装甲を貫徹すべく、新型の徹甲爆弾が急ぎ開発された。これが九九式80番（800kg）5号徹甲爆弾で、「長門」型戦艦の40cm（41cm）主砲用に造られた九一式徹甲弾を航空爆弾に改造したものである。ところが九七式艦攻の兵装懸吊架には、そのままの状態ではこの爆弾を取り付けることができなかった。

そこで艦隊集結地の単冠湾で技術者を各空母に乗り込ませて改造を実施。九一式航空魚雷改2型の場合と同じく、ぎりぎりで作戦に間に合わせた。なお水平爆撃の命中精度も、訓練の終了間際には実に約8割という信じがたい精度にまで向上している。

さて、攻撃にかんする問題点はこのようにして着実に解決されて行ったが、肝心の機動部隊がハワイまで行き着けなければことは始まらない。片道実に3000浬の大航海なのである。そのため、当初は第2航空戦隊の航続距離が短い「蒼龍」と「飛龍」を置いて行くという案もあったが、これには勇将の誉れも高い同戦隊司令官山口多聞少将が、第二航空戦隊は燃料が尽きたあとは洋上を漂って第一航空艦隊が無事帰投できるよう囮になる、とまで言い放ち、空母6隻揃っての作戦参加になったという逸話がある。

とはいえ燃料不足は深刻で、各艦は200ℓ入りドラム缶や18ℓ入り石油缶を空きスペースに満載して出撃した。ちなみに全艦隊用に用意されたドラム缶は約3500缶、石油缶は約4万4500缶という。

だが、この措置は法規違反であった。積み込まれたドラム缶や石油缶が艦内交通を妨害するのみならず、荒天時に荷崩れを起こしたり燃料の漏出に起因する火災の危険性など、不都合が多かったからだ。しかし南雲はこれを強行し、海軍省軍務局長岡敬純少将も黙認したことで実行に至った。そして幸いにも、火災などの事故に見舞われることなく済んだのだった。

また、このドラム缶作戦とは別に、高速タンカーが艦隊に随伴して洋上燃料補給を行う段取りも組まれた。第一補給部隊は「極東丸」、「国洋丸」、「健洋丸」、「神国丸」の4隻編成で、「極東丸」が旗艦を務めた。また第二補給部隊は「東邦丸」、「東栄丸」、「日本丸」、「あけぼの丸」の4隻編成で、「東邦丸」が旗艦を務めたが、「あけぼの丸」の給油配管の直径がほかの艦船と合わないことが判明し、第二補給部隊は「あけぼの丸」を残して出撃している。

一方、第六艦隊の潜水艦部隊もパールハーバー攻撃に関連した掩護任務に投入された。特に「伊22」、「伊16」、「伊18」、「伊20」、「伊24」の各潜水艦は甲標的作戦に従事。残る第一〜三潜水隊所属の各艦は、オアフ島パールハーバー南方沖合の扇状哨区に主に第三潜水隊、カウアイ島からオアフ島を経てモロカイ島にかけての直線哨区に第二潜水隊、オアフ島南方の直線哨区に第一潜水隊の各艦が展開した。

その任務はパールハーバー周辺海域の哨戒とパールハーバーに出入りする艦艇の撃沈に加えて、脱出した味方搭乗員の救助と甲標的乗組員の収容であった。だが、結局のところ敵艦艇は1隻も撃沈できず、搭乗員も乗組員も一人も収容することなく帰投している。しかし重要なのは「予防線」として潜水艦を配備しておくことであり、第六艦隊の潜水艦は、

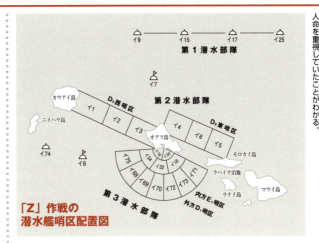

「Z」作戦の潜水艦哨区配置図

単に哨戒だけでなく不時着水した艦上機搭乗員の救助や甲標的乗組員の収容を念頭に置いた配置であり、当時の日本海軍はまだ人命を重視していたことがわかる。

地味な任務を着実にこなしたといえよう。

■地道な情報収集の先に

日本海軍は1938年頃からドイツ人ベルンハルト・オットーキューンにハワイでスパイ活動を行わせており、娘のルースも協力していた。しかし彼らの情報にはいい加減なところがあり、いまひとつ信頼性に欠けた。

そこで1941年3月、吉川猛夫予備役海軍少尉が森村正の偽名を与えられ、外務省書記正の役職でホノルルの日本領事館に派遣された。彼は開戦直前の12月6日までに250を超える暗号電報を発信し、貴重な情報多数を日本に報告している。

一方、日本政府の要請で日本在住の外国人をハワイまで送り届け、ハワイで在外邦人を乗せて帰国する任務を課せられた日本郵船の客船「大洋丸」が、1941年10月22日に横浜を出港した。そして同船には、航空関連を中心とするハワイの総合偵察を行う任を帯びた鈴木英海軍少佐、潜水艦によるハワイ作戦のための偵察に主眼を置いた潜水学校教官前島寿英海軍中佐、甲標的作戦のための情報収集が主任務の松尾敬宇海軍中尉の3名が、それぞれ偽名で乗船していた。

「大洋丸」はあえて機動部隊が進撃する予定の北方航路を航行し、同海域の海況や船舶の航行数の調査などを行いながらハワイに向かった。そして11月2日にホノルルに到着すると、鈴木は「大洋丸」を訪れた吉川から秘密裡に情報資料を受領し、自らも港内や航空基地の偵察に勤しんだ。11月17日、「大洋丸」は横浜に帰港。鈴木、前島、松尾の各人がもたらした貴重な情報はすぐさま関係各部に報告され、「Z」作戦の実施に際して反映されたのだった。

11月27日、ハル・ノートが公布され、日本はこれをアメリカの最後通牒と受け取った。しかし、すでに前日の26日、日本機動部隊は極秘集結地の千島列島択捉島単冠湾を抜錨。一路、ハワイへの針路を進撃していた。

かくて運命の時計の針は回り出したのである。

▲諜報活動に任じた鈴木英少佐、前島寿英中佐、松尾敬宇海軍中尉の3名を乗せてハワイ・横浜間を往復した日本郵船の客船「大洋丸」。元来、同船は第一次大戦の賠償船としてドイツから取得した「カプ・フィニステレ」であった。

大西瀧治郎
Takijirou Ounishi

海軍兵学校第四〇期生。成績は上位であったが、むしろ武道の猛者として知られた。第一次世界大戦に際して航空研究に従事し、一貫して航空畑にあって中島飛行機の創業に関わるなど、日本の軍航空に大きな足跡を残す。大型爆撃機の有用性を強く主張し、戦闘機無用論までも唱えていたが、日中戦争での爆撃機の損耗を見て考えを改める。失敗を懸念し、当初はパールハーバー攻撃に反対していたが、開戦にあたり、自身は第十一航空艦隊参謀長としてフィリピン攻略を指導した。戦争末期には未熟なパイロットを戦力とするために神風特別攻撃隊を主導し、終戦の翌日、割腹自殺を遂げた。

野村吉三郎
Kichisaburou Nomura

海軍兵学校第二十六期生。駐在武官やパリ講和会議、ワシントン軍縮会議などの全権団随員など、主として外交畑での仕事に従事した。上海天長節祝賀の爆弾テロ事件で失明し、海軍を大将で予備役となると、阿部内閣で外務大臣を務め、1941年にはルーズヴェルトとの交友経験を買われて駐米大使に起用される。しかし日米交渉は進まず、宣戦布告の英訳に手間どって提出が遅れて、真珠湾攻撃がだまし討ちになるという失態を犯した。帰国後は枢密院顧問官となった。戦後、公職追放が解けると和歌山選出の参議院議員となり、海上自衛隊の創隊に深く関与した。1964年に86歳で死去。

択捉島単冠湾に密かに集結した第一航空艦隊
単冠湾錨泊体形 1941年11月23日

単冠湾に集結した日本海軍の精鋭、南雲機動部隊。第一航空艦隊の空母6隻を中心に編制されたこの部隊は当時世界最強のものだった。ここでは1941年11月23日、集結した艦隊の錨泊体形を紹介する。

文／宮永忠将

1 日本海軍戦艦 比叡
Imperial Japanese Navy Battleship Hiei
フジミ1/700インジェクションプラスチックキット
製作／佐伯真一
全長222m　排水量3万2000トン　速力30ノット
主砲36cm連装×4計8門

5 日本海軍航空母艦 赤城
Imperial Japanese Navy Aircraft carrier Akagi
フジミ1/700インジェクションプラスチックキット
製作／川島秀敏
水線長250.36m　排水量3万6500トン　速力31.2ノット
搭載機72機

6 日本海軍航空母艦 加賀
Imperial Japanese Navy Aircraft carrier Kaga
フジミ1/700インジェクションプラスチックキット
製作／川島秀敏
水線長230m　排水量3万8200トン　速力28.3ノット
搭載機72機

2 日本海軍戦艦 霧島
Imperial Japanese Navy Battleship Kirishima
フジミ1/700インジェクションプラスチックキット
製作／藤田真一郎
全長222.65m　排水量3万2000トン　速力30ノット
主砲36cm連装×4計8門

3 日本海軍重巡洋艦 利根
Imperial Japanese Navy Heavy cruiser Tone
アオシマ1/700インジェクションプラスチックキット
製作／真田武尊
全長201.6m　排水量1万1213トン　速力35ノット
主砲20.3cm連装×4計8門

4 日本海軍重巡洋艦 筑摩
Imperial Japanese Navy Heavy cruiser Chikuma
フジミ1/700インジェクションプラスチックキット
製作／村山弘之
全長201.6m　排水量1万1213トン　速力35ノット
主砲20.3cm連装×4計8門

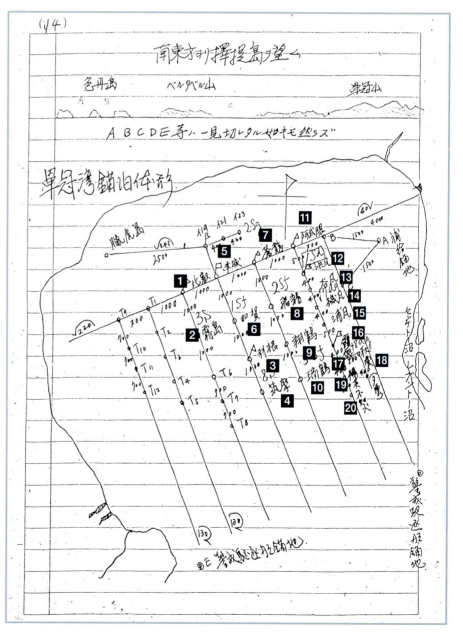

**単冠湾錨泊体形
1941年11月23日**
原図／森　正一
資料提供／森　昭雄

1941年10月に第一航空艦隊、すなわち南雲艦隊による真珠湾攻撃の実施許可が軍令部から下りると、地形がよく似た鹿児島湾にて航空攻撃の猛訓練が行われた。そして入念な訓練を終えた南雲艦隊は、大分県佐伯湾に集結すると、11月18日に択捉島の単冠湾に出港した。

　日本からハワイまで艦隊を維持しながらの航行は10日間以上かかる。当初、この航海を秘匿するのは不可能と考えられていた。しかし過去十年の太平洋の船舶航路を研究したところ、冬の北太平洋航路が極端に船舶の往来が少なかったことから、ハワイ諸島北方へ最短ルートで直行する案がまとまり、最終集結地に単冠湾が選ばれたのである。

　僻地とも呼べる単冠湾は作戦の秘匿にはうってつけであったが、根拠地から遠いため、艦隊行動に必要な物資の集積は困難であった。特に直前まで研究を重ねていた浅深度攻撃用の特殊魚雷100本を搭載した空母「加賀」は別行動をとったため、集結がギリギリになった。

　南雲艦隊は空母を中核とした世界初の大規模艦隊であった。しかし作戦の3ヵ月前に五航戦が加えられるなど、艦隊としてのまとまりを欠いたまま、異例の奇襲作戦に向かったのである。

▼単冠湾に向かう「加賀」の艦内では、佐世保で積み込んだ未完成の浅深度航空魚雷100本を、同乗した三菱重工の社員が夜を徹して調整作業に従事していた。

▶南雲機動部隊の各艦は1941年11月23日密かに択捉島の単冠湾に集結した。単冠湾は太平洋に面した天然の良港で冬季でも流氷が接岸しないため秘密裏に集結する場所としては最適だった

7 日本海軍航空母艦 蒼龍
Imperial Japanese Navy Aircraft carrier Souryu

アオシマ1/700インジェクションプラスチックキット
製作／佐伯真一
水線長222m　排水量1万5900トン　速力34.5ノット
搭載機63機

8 日本海軍航空母艦 飛龍
Imperial Japanese Navy Aircraft carrier Hiryu

アオシマ1/700インジェクションプラスチックキット
製作／細田勝久
水線長220m　排水量1万7300トン　速力34.6ノット
搭載機63機

9 日本海軍航空母艦 翔鶴
Imperial Japanese Navy Aircraft carrier Syokaku

タミヤ1/700インジェクションプラスチックキット
製作／マルヨシ
水線長250m　排水量2万5675トン　速力34.2ノット
搭載機81機

10 日本海軍航空母艦 瑞鶴
Imperial Japanese Navy Aircraft carrier Zuikaku

タミヤ1/700インジェクションプラスチックキット
製作／早川利宇
水線長250m　排水量2万5675トン　速力34.2ノット
搭載機81機

11 日本海軍軽巡洋艦 阿武隈
Imperial Japanese Navy Light cruiser Abukuma

タミヤ1/700インジェクションプラスチックキット
製作／清水秀春
全長162.15m　排水量5170トン　速力36ノット
主砲14cm単装×7計7門

12 日本海軍駆逐艦 浜風
Imperial Japanese Navy Destroyer Hamakaze

アオシマ1/700インジェクションプラスチックキット
製作／藤本義人
全長118.5m　排水量2000トン　速力35ノット
主砲12.7cm単連装×3計6門／61cm四連装魚雷発射管×2

13 日本海軍駆逐艦 谷風
Imperial Japanese Navy Destroyer Tanikaze

アオシマ1/700インジェクションプラスチックキット
製作／藤本義人
全長118.5m　排水量2000トン　速力35ノット
主砲12.7cm単連装×3計6門／61cm四連装魚雷発射管×2

14 日本海軍駆逐艦 磯風
Imperial Japanese Navy Destroyer Isokaze

ピットロード1/700インジェクションプラスチックキット
製作／大槻正行
全長118.5m　排水量2000トン　速力35ノット
主砲12.7cm単連装×3計6門／61cm四連装魚雷発射管×2

15 日本海軍駆逐艦 浦風
Imperial Japanese Navy Destroyer Urakaze

ピットロード1/700インジェクションプラスチックキット
製作／村山弘之
全長118.5m　排水量2000トン　速力35ノット
主砲12.7cm単連装×3計6門／61cm四連装魚雷発射管×2

16 日本海軍駆逐艦 霞
Imperial Japanese Navy Destroyer Kasumi

ピットロード1/700インジェクションプラスチックキット
製作／烈風三連
全長118m　排水量2000トン　速力34.85ノット　主砲12.7cm単連装×3計6門／61cm四連装魚雷発射管×2

17 日本海軍駆逐艦 霰
Imperial Japanese Navy Destroyer Arare

S&S1/700レジンキャストキット
製作／箱　二三
全長118m　排水量2000トン　速力34.85ノット
主砲12.7cm単連装×3計6門／61cm四連装魚雷発射管×2

18 日本海軍駆逐艦 秋雲
Imperial Japanese Navy Destroyer Akigumo

アオシマ1/700インジェクションプラスチックキット
製作／佐伯真一
全長118.5m　排水量2000トン　速力35ノット
主砲12.7cm単連装×3計6門／61cm四連装魚雷発射管×2

19 日本海軍駆逐艦 陽炎
Imperial Japanese Navy Destroyer Kagero

アオシマ1/700インジェクションプラスチックキット
製作／遠藤貴浩
全長118.5m　排水量2000トン　速力35ノット
主砲12.7cm単連装×3計6門／61cm四連装魚雷発射管×2

20 日本海軍駆逐艦 不知火
Imperial Japanese Navy Destroyer Shiranui

ピットロード1/700インジェクションプラスチックキット
製作／早川利宇
全長118.5m　排水量2000トン　速力35ノット
主砲12.7cm単連装×3計6門／61cm四連装魚雷発射管×2

パールハーバーに向かう世界最強の機動部隊
南雲機動部隊編制 1941年12月8日

第一航空艦隊は本来、航空母艦とその支援のための旧式駆逐艦からなっていた。パールハーバー攻撃に先立ち、各艦隊から戦艦、巡洋艦、駆逐艦などの配属を受け独立行動のできる艦隊編制が整った。

文／宮永忠将

南雲機動部隊 Nagumo Mobile Force
司令長官：南雲忠一中将（36期）

空襲部隊

第一航空戦隊 1st Carrier Division
第一航空艦隊司令長官直卒

日本海軍航空母艦 赤城
Imperial Japanese Navy Aircraft carrier Akagi
フジミ1/700 インジェクションプラスチックキット
製作／川島秀敏

日本海軍航空母艦 加賀
Imperial Japanese Navy Aircraft carrier Kaga
フジミ1/700 インジェクションプラスチックキット
製作／川島秀敏

1928年に空母「赤城」と「鳳翔」を中核に編制された最古の航空戦隊で、変遷を重ねつつ、真珠湾攻撃時には「赤城」と「加賀」の二隻態勢となっていた。当初は発着艦に失敗して海に落ちた艦上機乗員の救出、いわゆる「トンボ釣り」のために旧式の駆逐艦が組み込まれていたが、航続距離などの問題からハワイまで帯同するのは無理との判断から戦隊より外された。代わりに第七駆逐隊の「曙」「潮」「漣」、三隻の駆逐艦が一航戦に帯同した。

「赤城」「加賀」とも日中戦争にたびたび参加するなど、日本でもトップの錬度を誇る戦隊であり、「赤城」は第一航空艦隊旗艦として南雲長官以下、司令部が座乗するなど艦隊の中核戦力として期待されていた。第一航空艦隊の編成当時には戦隊司令は河瀬四郎少将であったが、真珠湾攻撃の実施に際して艦隊司令長官の直率となった。

真珠湾攻撃に際して、錬度の高い一航戦、特に「赤城」の飛行隊は、淵田、板谷、村田の飛行隊長三人体制であり、第一次攻撃隊指揮官、制空隊指揮官、雷撃隊指揮官をそれぞれ担当するなど、第一次攻撃隊における艦隊攻撃の中心を担っていた。

零式艦上戦闘機 ×42　九九式艦上爆撃機 ×45　九七式艦上攻撃機 ×54

第二航空戦隊 2nd Carrier Division
司令官：山口多聞少将

日本海軍航空母艦 蒼龍
Imperial Japanese Navy Aircraft carrier Souryu
アオシマ1/700 インジェクションプラスチックキット
製作／佐伯真一

日本海軍航空母艦 飛龍
Imperial Japanese Navy Aircraft carrier Hiryu
アオシマ1/700 インジェクションプラスチックキット
製作／細田勝久

第二航空戦隊は、連合艦隊の前衛部隊である第二艦隊において、1934年に艦隊の目となるべく設置された航空戦隊である。当初、この戦隊では「赤城」「加賀」の単艦、ないし「鳳翔」と「龍驤」のペアが運用されていたが「蒼龍」と「飛龍」が竣工すると、この二隻が第二艦隊航空戦隊所属となり定着した。高速で知られた二隻にはうってつけの配置であった。

1941年4月に第一航空艦隊が新編されると、二航戦もこの編制に入り、「菊月」「夕月」「卯月」からなる第二三駆逐隊が随伴部隊となった。第一航空艦隊に入ってからの初代の戦隊司令官は山口多聞少将である。

真珠湾攻撃の立案時、航続距離が短い二航戦は航空隊のみ移乗して作戦には参加しないという案も出たが、乗員を鍛え上げて準備を進めていた山口司令は、二航戦はハワイに置き去りにしてもかまわないから作戦に参加するよう強く迫った。真珠湾攻撃では第一次攻撃隊の雷撃隊、および第二次攻撃隊の急降下爆撃隊と制空隊の主力を構成して、訓練の成果を存分に発揮した。

零式艦上戦闘機 ×42　九九式艦上爆撃機 ×36　九七式艦上攻撃機 ×36

第五航空戦隊 5th Carrier Division
司令官：原 忠一少将

日本海軍航空母艦 翔鶴
Imperial Japanese Navy Aircraft carrier Syokaku
タミヤ1/700 インジェクションプラスチックキット
製作／マルヨシ

日本海軍航空母艦 瑞鶴
Imperial Japanese Navy Aircraft carrier Zuikaku
タミヤ1/700 インジェクションプラスチックキット
製作／早川利宇

日本海軍駆逐艦 秋雲
Imperial Japanese Navy Destroyer Akigumo
アオシマ1/700 インジェクションプラスチックキット
製作／佐伯真一

真珠湾攻撃を控えた1941年9月1日に新編成された航空戦隊で、当初は竣工したばかりの「翔鶴」と「春日丸」（「大鷹」）、吹雪型駆逐艦の「龍」「漣」で構成され、同月25日、「瑞鶴」が「春日丸」と交替、駆逐艦も「龍」と陽炎型の「秋雲」が随伴することとなった。

新編制部隊であったため、即座に第一航空艦隊に加えられたものの、艦隊首脳からは一航戦の「赤城」「加賀」、二航戦の「蒼龍」「飛龍」より錬度が低いと見なされていた。しかし日本海軍の最新高速空母を真珠湾攻撃に参加させないという選択肢はなく、第一次攻撃隊では急降下爆撃隊全機と制空戦闘を、第二次攻撃隊では水平爆撃を担当することになった。特に第一次の爆撃は真珠湾周辺およびハワイ各地に点在する陸海軍飛行場に対するもので、敵の防空戦闘力を無力化する重要な任務であった。

このように真珠湾では主目標である敵主力艦艇への攻撃こそ譲ったが、一航戦、二航戦の腕利きが存分に働ける環境を作ったのであった。また1942年5月には史上初の空母機動部隊同士の決戦である珊瑚海海戦を戦い、やがて帝国海軍の主力へと成長する。

零式艦上戦闘機 ×36　九九式艦上爆撃機 ×54　九七式艦上攻撃機 ×54

支援部隊

第三戦隊 3rd Division
司令官：三川軍一中将

日本海軍戦艦 比叡
Imperial Japanese Navy Battleship Hiei
フジミ1/700 インジェクション プラスチックキット
製作／佐伯真一

日本海軍戦艦 霧島
Imperial Japanese Navy Battleship Kirishima
フジミ1/700 インジェクション プラスチックキット
製作／藤田真一郎

戦艦を主軸とした第一艦隊のうち、「金剛」型巡洋戦艦4隻で構成されるのが第三戦隊だ。そのうち「比叡」と「霧島」の二隻が真珠湾攻撃では南雲艦隊を支援した。作戦時には30ノット以上で航行する機動部隊に追随できる戦艦は「金剛」型しかなかったため、空母が海戦の主役となった太平洋戦争では、「金剛」型戦艦は次第に重要になった。この二隻はともにガダルカナル島の戦いに投入されて、1942年11月の第三次ソロモン海戦で失われた。

第八戦隊 8th Division
司令官：阿部弘毅少将

日本海軍重巡洋艦 利根
Imperial Japanese Navy Heavy cruiser Tone
アオシマ1/700 インジェクション プラスチックキット
製作／真田武尊

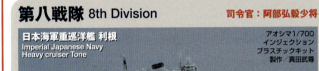

日本海軍重巡洋艦 筑摩
Imperial Japanese Navy Heavy cruiser Chikuma
フジミ1/700 インジェクション プラスチックキット
製作／村山弘之

第二艦隊は日露戦争を前に巡洋艦を主力として編制された常設の艦隊で、真珠湾攻撃に際しては第八戦隊を構成する「利根」と「筑摩」の二隻が、第一特別行動部隊に編入されて空母部隊の支援にあたった。「利根」型重巡洋艦は零式水上偵察機6機の運用能力を持つ、偵察を得意とした巡洋艦であり、真珠湾攻撃では第一次攻撃隊の先立ちハワイ上空の気象や艦隊位置を報告するとともに、敵空母の所在を追って周辺海域を捜索した。

補給部隊
司令：大藤正直大佐

日本海軍特設給油艦 健洋丸
Imperial Japanese Navy Wartime fleet supply oiler Kenyo maru
フジミ1/700インジェクションプラスチックキット
製作／烈風三速

日本海軍特設給油艦 極東丸
Imperial Japanese Navy Wartime fleet supply oiler Kyokuto maru
フジミ1/700インジェクションプラスチックキット
製作／大平陸雄

日本海軍特設給油艦 国洋丸
Imperial Japanese Navy Wartime fleet supply oiler Kokuyo maru
フジミ1/700インジェクションプラスチックキット
製作／烈風三速

日本海軍特設給油艦 東栄丸
Imperial Japanese Navy Wartime fleet supply oiler Toei maru
フジミ1/700インジェクションプラスチックキット
製作／大平陸雄

日本海軍特設給油艦 神国丸
Imperial Japanese Navy Wartime fleet supply oiler Shinkoku maru
フジミ1/700インジェクションプラスチックキット
製作／烈風三速

日本海軍特設給油艦 あけぼの丸
Imperial Japanese Navy Wartime fleet supply oiler Akebono maru
フジミ1/700インジェクションプラスチックキット
製作／烈風三速

日本海軍特設給油艦 東邦丸
Imperial Japanese Navy Wartime fleet supply oiler Toho maru
フジミ1/700インジェクションプラスチックキット
製作／大平陸雄

日本海軍特設給油艦 日本丸
Imperial Japanese Navy Wartime fleet supply oiler Nippon maru
フジミ1/700インジェクションプラスチックキット
製作／大平陸雄

警戒隊

第一水雷戦隊 1st Torpedo Squadron
司令官：大森仙太郎少将

日本海軍軽巡洋艦 阿武隈
Imperial Japanese Navy Light cruiser Abukuma
タミヤ1/700 インジェクション プラスチックキット
製作／清水秀春

開戦時に4個あった水雷戦隊のうち、第一艦隊に付設された水雷戦隊で、真珠湾攻撃では旗艦「阿武隈」と、第十七、第十八の二個駆逐隊が警戒隊として支援にあたった。

第十七駆逐隊 17th Destroyer Division

日本海軍駆逐艦 谷風
Imperial Japanese Navy Destroyer Tanikaze
アオシマ1/700 インジェクション プラスチックキット
製作／藤本義人

日本海軍駆逐艦 浦風
Imperial Japanese Navy Destroyer Urakaze
ピットロード1/700 インジェクション プラスチックキット
製作／村山弘之

日本海軍駆逐艦 浜風
Imperial Japanese Navy Destroyer Hamakaze
アオシマ1/700 インジェクション プラスチックキット
製作／藤本義人

日本海軍駆逐艦 磯風
Imperial Japanese Navy Destroyer Isokaze
ピットロード1/700 インジェクション プラスチックキット
製作／大槻正行

第十七駆逐隊は「谷風」、「浦風」、「浜風」、「磯風」と、軍縮条約明けに建造された「陽炎」型駆逐艦4隻で構成された極めて有力な駆逐隊である。以降、この駆逐隊はレイテ沖海戦まで機動部隊に付設された。1944年3月には「雪風」が加わった部隊としても知られる。

第十八駆逐隊 18th Destroyer Division

日本海軍駆逐艦 陽炎
Imperial Japanese Navy Destroyer Kagero
アオシマ1/700 インジェクション プラスチックキット
製作／遠藤貴浩

日本海軍駆逐艦 不知火
Imperial Japanese Navy Destroyer Shiranui
ピットロード1/700 インジェクション プラスチックキット
製作／早川利宇

日本海軍駆逐艦 霞
Imperial Japanese Navy Destroyer Kasumi
ピットロード1/700 インジェクション プラスチックキット
製作／烈風三速

日本海軍駆逐艦 霰
Imperial Japanese Navy Destroyer Arare
S&S1/700 レジン キャストキット
製作／村田博章

第十八駆逐隊は「陽炎」型駆逐艦のネームシップである「陽炎」と「不知火」、「朝潮」型の「霞」、「霰」の四隻で構成された、こちらも有力な駆逐隊である。第二艦隊第二水雷戦隊の所属であったが、真珠湾攻撃を前に、第一航空艦隊の警戒隊として付設された。

南雲機動部隊主要艦解説

文／宮永忠将

　南雲艦隊は日本が保有する正規空母6隻を集中配備した、世界初の空母機動部隊であった。空母ばかりを集中運用すべきか、それとも戦艦を主力とする水上打撃部隊に付属して、艦隊防空や偵察に使うべきか、様々な研究が為されていたが、真珠湾を攻撃する特殊作戦のために、空母を中核とする高速艦隊が誕生したのである。また「利根」型重巡洋艦のような航空偵察を得意とする最新鋭艦艇が帯同することで、空母艦上機による集中的な攻撃力が発揮できるようになっていたのも見逃せない。

　しかし組織上は艦隊として編制されていても、第一航空艦隊としては空母と若干の駆逐艦しかおらず、任務や作戦に応じて他の艦隊から支援部隊を得る不安定な編制であり、建制が整っていなかったことから、指揮統制の面では問題が山積していた。この辺の事情は、最初から艦隊に加えておきながら、航続距離の短さから真珠湾攻撃に参加させるかどうか最後まで議論になった二航戦の「蒼龍」、「飛龍」の例に顕在化している。

　それでも史上初の機動部隊が示した攻撃力と破壊力は海戦のあり方を大きく変え、戦争中盤以降、アメリカもこの機動部隊をより洗練させた形で海軍の中核戦力として、帝国海軍を追い込んでいくのである。

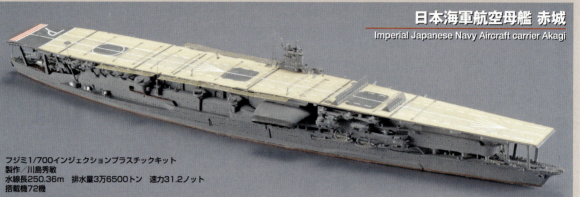

日本海軍航空母艦 赤城
Imperial Japanese Navy Aircraft carrier Akagi

南雲艦隊の旗艦であり、真珠湾攻撃時には司令長官が直率していた。真横から見ると、飛行甲板が中央でへの字型に角度がつけられているのは、艦上機の発艦時の増速と着艦時の減速をはかったものである。もともとは「天城」型巡洋戦艦の二番艦として建造されたが、ワシントン軍縮条約で艦種変更され、3万トン級の航空母艦として改装された。戦前には三段甲板の姿で国民に親しまれた。南雲艦隊の中核として活躍するも、1942年6月のミッドウェー海戦で失われた。

フジミ1/700インジェクションプラスチックキット
製作／川島秀敏
水線長250.36m　排水量3万6500トン　速力31.2ノット
搭載機72機

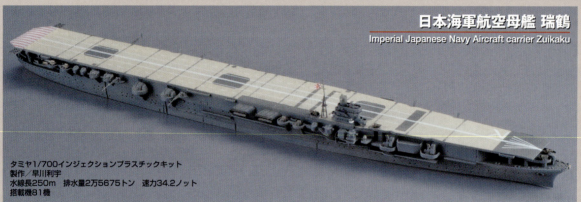

日本海軍航空母艦 瑞鶴
Imperial Japanese Navy Aircraft carrier Zuikaku

1941年9月に竣工した、満載排水量3万トン超、34ノットの高速を誇る、帝国海軍最新鋭の「翔鶴」型空母の二番艦である。ネームシップの「翔鶴」とともに編制された第五航空戦隊は、真珠湾攻撃の半年後に珊瑚海海戦で史上初となる機動部隊同士の決戦を行ない、ミッドウェー海戦後は日本の機動部隊の中核戦力となった。特に「瑞鶴」はどんな激戦も無傷で切り抜ける幸運艦として知られたが、1944年10月のレイテ沖海戦では囮同然として使われ、エンガノ岬沖で撃沈された。

タミヤ1/700インジェクションプラスチックキット
製作／早川利宇
水線長250m　排水量2万5675トン　速力34.2ノット
搭載機81機

日本海軍重巡洋艦 利根
Imperial Japanese Navy Heavy cruiser Tone

「利根」型巡洋艦のネームシップ。主砲に20.3cm砲を搭載したことから重巡洋艦に区分けされるが、「最上」型軽巡の改良型として建造計画が進んでいたために、艦名に河川名が使われている。日本では巡洋艦の水上機による偵察を重視していたが、アメリカの「ブルックリン」級軽巡などが4機搭載と、水上偵察能力を強化したのに応じて、本型では6機もの運用が可能となった。このため後甲板はすべて航空艤装に充て、主砲の連装砲4基8門を艦首に集中配備する特殊な艦型となった。

アオシマ1/700インジェクションプラスチックキット
製作／真田武尊
全長201.6m　排水量1万1213トン　速力35ノット
主砲20.3cm連装×4計8門

日本海軍駆逐艦 陽炎
Imperial Japanese Navy Destroyer Kagero

日本の艦隊型駆逐艦は特型（「吹雪」型）駆逐艦で一定の完成を見たが、後継型の開発は軍縮条約に縛られて難航した。これを打破すべく、軍縮条約の制限が切れた1937年から開発されたのが、「陽炎」型駆逐艦である。特型と同等以上の武装を持つ量産型という基本コンセプトのもと、最終的に19隻が建造された。太平洋戦争では文字通りワークホースとなって活躍し、唯一の生存艦となった「雪風」は、中華民国海軍に賠償艦として譲渡され、「丹陽」と名を変えて活躍した。

アオシマ1/700インジェクションプラスチックキット
製作／遠藤貴浩
全長118.5m　排水量2000トン　速力35ノット
主砲12.7cm単連装×3計6門／61cm四連装魚雷発射管×2

第3部
真珠湾のアメリカ太平洋艦隊

開戦を決意し密かに準備を進める日本海軍に対してアメリカ太平洋艦隊はどのような状況に置かれていたのか。戦艦8隻を主力としたその強大な戦力はパールハーバーの桟橋に繋がれたままその日の朝を迎える。

三菱 A6M2b 零式艦上戦闘機 二一型
Mitsubishi A6M [Zeke]Type Zero Carrier Fighter
タミヤ 1/32 インジェクションプラスチックキット
製作／戸嶋博光

胴体に描かれた2本の赤帯からもわかるように第一航空戦隊2番艦「加賀」の所属機。実はパールハーバー攻撃でもっとも艦上機を失ったのは「加賀」で、零戦は第一波で2機、第二波で2機の計4機が未帰還となっており、同艦は零戦の最多未帰還艦でもあった。連合軍コードネームは"ゼロ"または"ジーク"。

まどろむアメリカ太平洋艦隊………………………………………………………………	22
アメリカ太平洋艦隊艦艇在泊位置 1941年12月8日0130時 …………………	24
アメリカ太平洋艦隊主要艦解説………………………………………………………	26

パールハーバーに集結した在泊艦艇
まどろむアメリカ太平洋艦隊

奇襲攻撃の準備を整え単冠湾から出撃した南雲機動部隊に対して一方の主役であるアメリカ太平洋艦隊はどのような状況にあったのだろうか？ ここではアメリカ太平洋艦隊の成り立ちと1941年末の状況を解説する。

文／岩重多四郎

第二次大戦開始時のアメリカ海軍の艦隊編成は、戦闘部隊（Battle Force）、索敵部隊（Scouting Force）、アジア艦隊（Asiatic Fleet）、大西洋戦隊（Atlantic Squadron）に分割されており、主力をなす前2者は米本土西海岸のサンディエゴを拠点としていた。1940年春、ドイツ軍の西方への本格侵攻によってフランスとオランダが降伏すると、両国のアジア方面の植民地であるインドシナ（仏印）・インドネシア（蘭印）が日本の軍事的脅威にさらされる事態となり、これをおさえたいアメリカ中央部は、年次訓練のため主力を率いてハワイに進出していた合衆国艦隊司令長官リチャードソン大将に現地駐留を命令。これ以後、真珠湾（当時この訳語はなく、真珠港と表記されていた）がアメリカ主力艦隊の根拠地として定着した。翌年2月に艦隊組織が改編され、太平洋艦隊・大西洋艦隊・アジア艦隊の体制が成立、対日戦に慎重でルーズヴェルト大統領と確執のあったリチャードソンにかわってキンメル大将が合衆国艦隊司令長官兼太平洋艦隊司令長官となる。前月の米英参謀級協議で、太平洋方面の有事にはアメリカが責任を負うことが確認されており、戦闘部隊と索敵部隊の大部分で構成された太平洋艦隊がアメリカ海軍の中軸戦力であることに変わりはなかったが、その一方で枢軸勢力に対する戦略方針として対独戦を一義とする取り決めもあり、新造艦は大西洋艦隊に優先して回されたうえ、翌月成立したレンドリース法に基づく支援物資の輸送に従事するため、太平洋艦隊から空母「ヨークタウン」などが引き抜かれた。1941年末の時点でアメリカ海軍の主要艦艇保有数は戦艦17、艦隊空母6、重巡18、軽巡19などだが、これらの背景からアメリカ太平洋艦隊の勢力は戦艦9、艦隊空母3、重巡12、軽巡11などとなっており、あらゆる艦種で日本海軍を下回っていた。もちろんこれは日本が参戦していない状態に対応するものであるし、現有勢力の7割にも及ぶ主力艦隊増強計画として1940年7月に成立した両洋艦隊法のもとで新造艦の就役が進めば、太平洋における日米の戦力比は逆転し圧倒的に開くはずだった。

ハワイが日本の攻撃を受ける可能性に関しては、少なくとも1932年頃には認識されており、陸軍は防備兵力として1941年末当時、ショート中将の指揮下に歩兵2個師団と沿岸砲兵など約4万3000名を配備していた。オアフ島だけで8ヵ所の基地があり、兵力には12～16インチ砲（旧式迫撃砲まで含め）22門、8インチ砲以下24門、3インチ高角砲86門、戦車1個中隊などが含まれる。海兵隊はわずか650名ほどで、5インチ砲4門、3インチ高角砲8門と機銃のみだった。航空機は陸軍が概ね戦闘機170機、爆撃機60機、その他40機、海軍が哨戒機80機、その他30機、海兵隊が戦闘機10機、哨戒機30機、他若干。前年11月、イギリス海軍によるタラント空襲作戦が実施されると、アメリカ海軍でもにわかにパールハーバーの危険性が注目され、特に重要だった魚雷攻撃への懸念についてアメリカ海軍のトップである作戦部長スターク大将は現場へ問い合わせたが、作戦参謀マクモリス大佐は「魚雷攻撃は不可能であり、取扱いが不便な旧式の魚雷防御網は使用に値しない」と回答。一方、海軍地上部隊を統括する第14海軍区司令官ブロック少将は基地防備の強化を上申しており、1941年4月にはショート中将との間に共同防御計画をまとめ、軍港地区など海軍施設を含む防空は陸軍、発見した敵への反撃は海軍と役割を分担し、それぞれに対し海軍・陸軍の兵力が指揮を受けることになった。この種の組織運営にありがちな細部の連携不備もあったが、海軍はかなりの哨戒飛行艇を持っていたにもかかわらず搭乗員の練度不足などを理由に周辺海域の長距離哨戒を実施せず、レーダーも固定監視所3ヵ所の工事が1941年末の時点で終わっておらず、移動式6基を島内5ヵ所に展開して対処していた。この魚雷防御への見通しの甘さと早期警戒体制の遅れが、日本側の攻撃に対する大きな欠陥となる。パールハーバー攻撃当時艦隊でレーダーを装備していた「ペンシルヴァニア」「カリフォルニア」「ウエストヴァージニア」「カーティス」も、港内での使用は困難として配員していなかった。

アメリカは日本政府が使用していた暗号の解読に成功し、その対応をほぼ正確に把握していたが、日本海軍の暗号はまだ破っておらず、南雲機動部隊の参加艦艇の動向をはっきりつかめなかった。タラント空襲から時間が経過し、日本側の関心ももっぱら東南アジア方面へ向いていることもあり、1941年末の時点でアメリカ海軍はパールハーバー奇襲の可能性をほぼ無視ないし否定してしまっていた。11月27日、日本政府が対米外交交渉の打ち切りを野村吉三郎駐米大使へ指示したのを察知したアメリカは太平洋艦隊など関係部隊に対し戦争警告を発したが、この中でも日本軍のフィリピン・マレー・ボルネオ方面への作戦行動を想定しただけで、パールハーバーについては言及していない。太平洋艦隊の作戦計画は4月に参謀本部が策定した統合陸海軍作戦計画「レインボー5―WPL―46」に基づいて作成し、9月に承認を受けた「W.P.Pac-46」で規定されていたが、これはマーシャル諸島攻略からトラックを占領して前進基地とするもので、この下準備としてウェーク島とミッドウェー島へ航空機を輸送する任務があったことで結果的に空母「エンタープライズ」「レキシントン」が空襲を免れることとなる。また、それぞれの護衛のため「ノーサンプトン」など6隻、上陸作戦の訓練のため「インディアナポリス」、フィリピンの防備強化にあたる船団の護衛のため「ペンサコラ」「ルイヴィル」が充当され、オアフ島南にあった「ミネアポリス」を含め重巡10隻も12月7日（現地）当時パールハーバーにいなかった。同様に旧式の「オマハ」級軽巡の一部は太平洋周辺各地へ分散派遣中。戦艦「コロラド」と空母「サラトガ」

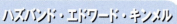

ハズバンド・エドワード・キンメル
Husband Edward Kimmel

1904年にアナポリスを卒業後、後に大統領となるルーズヴェルト海軍次官の副官を務めた。1941年2月、日本との戦争を意識したルーズヴェルトの後援もあり、30名以上の先任者と中将職を飛び越して太平洋艦隊司令長官となる。しかし真珠湾攻撃を許してしまい、同年12月17日付けで司令長官を解任されて少将に戻り、間もなく予備役となった。これを懲罰人事とする説もあるが、アメリカ海軍の場合、ポストに階級がともなう仕組みであり、大将職である太平洋艦隊司令長官でなくなれば、少将に戻る仕組みであった。ウィリアム・ハルゼーは兵学校の同期である。

ウォルター・キャンベル・ショート
Walter Campbell Short

真珠湾攻撃時のハワイ方面陸軍司令長官でアメリカ陸軍中将。第一次大戦ではメキシコ遠征に従事し、1941年2月、キンメルと前後してハワイに着任した。彼は日本の奇襲が、ハワイに多く居住する日系人の破壊工作と連動するものと恐れており、航空機を散布させず集結するなどの措置をとっていたが、これが返って南雲艦隊による奇襲効果を高める結果となった。ハワイ防衛失敗の責任を追及されて降格処分となり、開戦後間もなく退役した。キンメルと同様に職責の中で最善を尽くしていたが、大きすぎる損害を前に、一種のスケープゴートにされた人物である。

は修理のため、それぞれ米西海岸のブレマートンとサンディエゴにあった。残る主力戦艦など艦隊の大部分は、これといって平時と異なる挙動はしておらず、概ね月曜日にパールハーバーを出港して訓練し土曜に戻ってくるといった普通のスケジュールをこなしていた。これらアメリカ艦隊の動静は、日本海軍が送り込んでいたスパイ・吉川猛夫少尉の活動によってほぼ正確に日本側へ伝わっていた。基地部隊の警戒も基本的に地上での破壊活動（サボタージュ）を念頭に置いたもので、飛行機は警備しやすいよう飛行場の中央に固めて置かれ、援体壕構築などの空襲対策は進んでいなかった。灯火管制など市民生活に影響するような規制は、これといってとられていない。12月7日、日本側の宣戦布告を直前に把握したアメリカの中枢部も、ハワイに対し緊急的に注意を喚起する手配を怠ったとされる。参戦に世論を誘導するには日本側に第一撃をかけさせる必要があるというルーズヴェルトの認識がそれに直接関与したかどうかは別としても、少なくともアメリカ側に「たとえ日本軍がパールハーバーを攻撃しても大事には至らない」とする油断の一般認識があったのは確かで、パールハーバーのアメリカ太平洋艦隊をはじめハワイのアメリカ軍は極めて脆弱な状態のまま日本軍の攻撃を許してしまったのだった。

フランス降伏に続き、独ソ戦勃発 首都モスクワに迫るドイツ軍

文／岩重多四郎

ヨーロッパ戦線　1941年12月

日本の開戦決定には多分に投機的要素が含まれるが、国際情勢の面では特に同盟国ドイツへの依存度が高い。1940年春の大攻勢でフランス・オランダ・ベルギー・ノルウェー・デンマークを手中に収めたドイツは、イギリスへの侵攻こそ事前の航空攻撃に失敗し頓挫したものの、潜水艦を主体とする通商破壊作戦で同国への圧力を強めていた。枢軸国のもう一つの柱であるイタリアは、フランスの敗北を見て1940年6月に参戦し、北アフリカ・東アフリカで攻勢に出るが、1941年に入り連合軍の反撃を受け敗走。ドイツ軍の支援を仰ぐ形となり、ロンメル率いるアフリカ軍団は北アフリカで英軍を撃退、アレキサンドリアの西の要衝トブルクを包囲した。この間ドイツはバルカン半島にも進出し、ギリシャを占領。6月22日には不可侵条約を一方的に破棄してソ連への侵攻を開始し、1ヵ月でポーランド国境からモスクワまでの半分以上まで進んでいた。傍若無人の勢いを見せつけられた日本ではヨーロッパ戦線に対する楽観論が生じ、いわゆる「バスに乗り遅れるな」の便乗気運に任せて東南アジアへの進出を強行し、アメリカとの決定的対立から太平洋戦争へと推移する。しかし1941年後半、ドイツはヒトラーの意向でモスクワ攻略を後回しにしたのが裏目に出て、気象条件の悪化とソ連軍の増強に阻まれクレムリンまで25kmの地点で進撃停止を余儀なくされる。北アフリカではイギリス軍の反撃でトブルクの包囲が破られ、ロンメルは年末にかけてリビア領内まで撤退した。通商破壊作戦も、連合軍側の護衛体制強化でこの時期は低調化していた。そしてアメリカがレンドリース法の成立によって、中立を保ちつつも大量の兵器資材を連合軍側へ提供し始める。両陣営のパワーバランスは着実に変わりつつあり、実際の戦局は振幅の激しい一進一退の段階に入っていたと言えるだろう。

パールハーバー攻撃に影響を与えた？ イギリス空母部隊によるタラント空襲

1940年11月11日に実施されたイギリス海軍によるタラント空襲「ジャッジメント」作戦は、パールハーバー攻撃の計画に大きな影響を及ぼしたとされている。

第二次大戦開始当時、イギリス海軍は空母7隻を保有していたが「アーク・ロイヤル」以外は旧式で、イタリアが参戦する1940年6月上旬までに2隻を失っていた。しかし地中海では「イーグル」と9月に加わった新造の「イラストリアス」が精力的に活動し、搭載機は枢軸側勢力圏の主要港湾や基地を繰り返し空襲していた。イタリア艦隊は燃料不足などの理由から必ずしも積極的ではなかったが、参戦の前後に新造と大改装の戦艦4隻が相次いで就役し、イギリス側にとって大きな脅威となっていた。そこで、長靴の土踏まずに相当する位置の軍港タラントに集結しているイタリアの主力艦隊を狙い、空母機による攻撃を決意。両空母に相次いでトラブルが起こったため、予定日の遅延に加え「イーグル」が参加できなくなったが、「イラストリアス」に機体を集約し、艦攻20機（第一次12機、第二次8機、うち各2機は照明弾搭載）をもって夜間攻撃を決行した。この攻撃で最新鋭の戦艦「リットリオ」が魚雷3本、近代化された旧式戦艦「カイオ・デュイリオ」「コンテ・ディ・カヴール」が魚雷1本を受けていずれも擱座し、イタリア戦艦の実働勢力を一挙に半減させたのだった。イギリス側の損失は2機だけだった。

この作戦は、対空火器、阻塞気球、探照灯などで厳重に防御された港湾への夜間攻撃で、決して充分とは言えない戦力のイギリス空母機が大きな戦果を挙げた点で世界に強い衝撃を与えた。とりわけ海軍関係者が注目したのは、イギリス機がわずか水深25〜27mの水域で防雷網の敷設していないところにいた戦艦隊への魚雷攻撃に成功した点だった。アメリカ海軍もこれを重大視し、日本軍がパールハーバーで同じことをやるのではないかと色めき立ったが、パールハーバーの水深は12m程度でさらに浅く、地形もタラント外港と違って狭いため実行不可能と思い込んでしまった。一方、日本の山本五十六大将はこれに先立つ1940年春ごろにはパールハーバー空襲のアイデアを持っており、タラント空襲の時点で具体的な検討を進めていたと伝えられているが、イギリスにできて日本にできないはずがないと考えたのは確かだろう。擱座したイタリア戦艦のうち2隻は半年以内に引揚修理を済ませており（「カヴール」は休戦まで修復できず）、洋上での撃沈と比べると実質的な成果が著しく限定されてしまう欠点があるが、この限られた時間で決着をつけるしかないというのが山本の算段だったと考えられる。

▲空母「イラストリアス」は飛行甲板に装甲を張った世界最初の空母で、高い防御力は何度も実証されたが、格納庫が狭く計画搭載機数が36機と少ないのが欠点だった。基準排水量2万3000トン、速力31ノット。

▼フェアリー・ソードフィッシュ艦攻。複葉帆布張り、最大速力248kmという明らかに時代遅れな機体だが、ヨーロッパ戦線の海上作戦ではまだ活躍の余地があり、英海軍では大戦後期まで各種任務に愛用し続けた。

真珠湾在泊艦ハ戦艦一〇、甲巡一、乙巡一

アメリカ太平洋艦隊艦艇在泊位置
1941年12月8日 0130時

南雲機動部隊の空襲部隊が襲い掛かる寸前のパールハーバーの様子。アメリカ太平洋艦隊は未警戒のままフォード島の周囲に停泊していた。フォード島東岸はバトルシップ・ロウと呼ばれる戦艦の停泊位置でここには戦艦8隻が集中していた。

文／宮永忠将

40 アメリカ海軍戦艦 ネヴァダ BB36
United States Navy Battleship Nevada BB36

ミッドシップモデル1/700レジンキャストキット
製作／烈風三速
全長177.8m　排水量2万9000トン　速力20.5ノット
主砲35.6cm連装×2、三連装×2計10門

42 アメリカ海軍戦艦 アリゾナ BB39
United States Navy Battleship Arizona BB39

ピットロード1/700レジンキャストキット
製作／林 幹人
全長185.3m　排水量3万3100トン　速力21ノット
主砲35.6cm三連装×4計12門

43 アメリカ海軍戦艦 テネシー BB43
United States Navy Battleship Tennessee BB43

ピットロード1/700レジンキャストキット
製作／鈴木幹昌
全長190.4m　排水量3万2000トン　速力21ノット
主砲35.6cm三連装×4計12門

44 アメリカ海軍戦艦 ウエストヴァージニア BB48
United States Navy Battleship West Virginia BB48

ピットロード1/700インジェクションプラスチックキット
製作／林 幹人
全長190.2m　排水量3万1500トン　速力21ノット
主砲40.6cm連装×4計8門

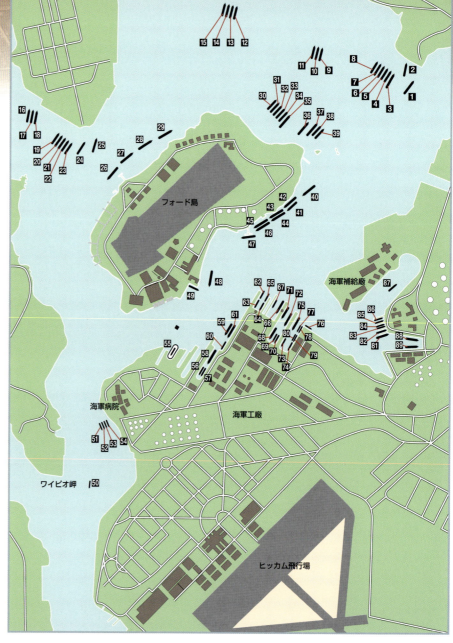

45 アメリカ海軍戦艦 メリーランド BB46
United States Navy Battleship Maryland BB46

ピットロード1/700インジェクションプラスチックキット
製作／林 幹人
全長190.2m　排水量3万1500トン　速力21ノット　主砲40.6cm連装×4計8門

46 アメリカ海軍戦艦 オクラホマ BB37
United States Navy Battleship Oklahoma BB37

HPモデル1/700レジンキャストキット
製作／佐伯真一
全長177.8m　排水量2万9000トン　速力20.5ノット
主砲35.6cm連装×2、三連装×2計10門

61 アメリカ海軍軽巡洋艦 ヘレナ CL50
United States Navy Light cruiser Helena CL50

ピットロード1/700インジェクションプラスチックキット（クリーブランドより改造）
製作／マルヨシ
全長185.4m　排水量1万トン　速力32.5ノット
主砲15.5cm三連装×5計15門

アメリカ太平洋艦隊の司令部が置かれているオアフ島のパールハーバーには、常時、多数の艦艇が停泊していた。とりわけ目を引くのが、パールハーバーの中央、フォード島の東側にあるガソリン桟橋から二列にずらりと並んだ戦艦群であろう。ここは戦艦の停泊指定位置であるためバトルシップ・ロウ（戦艦横丁）と呼ばれていた。パールハーバー攻撃時には、太平洋艦隊に所属する戦艦のうち、「コロラド」を除く全艦が湾内にいたが、うち8隻がこの戦艦横丁に停泊していたのである。さらにフォード島対岸の10-10埠頭には巡洋艦「ヘレナ」や敷設艦「オグララ」が停泊し、並びのドックには戦艦「ペンシルヴァニア」が入渠していた。

日本軍からすると、奇襲に成功すればあらゆる艦を狙うことができたが、肝心の2隻の空母はこのとき航空機の輸送任務でパールハーバーにおらず、本来の停泊場所には標的艦「ユタ」などが停泊していた。

なおフォード島には第2航空偵察団が配備されていた海軍航空基地があり、その南方対岸には爆撃航空団の根拠地となったヒッカム陸軍飛行場が、またオアフ島中部には陸軍航空隊の戦闘機団が集中するホイラー飛行場があった。攻撃隊への反撃を封じるために、これらはすべて重要な攻撃目標になっていた。

▲ほぼ真上からフォード島を撮影した一葉。上が東側となる。西側（下側）には「レキシントン」級空母が見える。

71 アメリカ海軍重巡洋艦 サンフランシスコ CA38
United States Navy Heavy cruiser San Francisco CA38

ピットロード1/700インジェクションプラスチックキット
製作／村山弘之
全長179.3m　排水量9950トン　速力32.5ノット
主砲20.3cm三連装×3計9門

72 アメリカ海軍重巡洋艦 ニューオリンズ CA32
United States Navy Heavy cruiser New Orleans CA30

ピットロード1/700インジェクションプラスチックキット
製作／鈴木幹昌
全長179.3m　排水量9950トン　速力32.5ノット
主砲20.3cm三連装×3計9門

75 アメリカ海軍軽巡洋艦 セントルイス CL49
United States Navy Light cruiser St. Louis CL49

ミッドシップモデル1/700レジンキャストキット
製作／早川利宇
全長185.4m　排水量1万トン　速力32.5ノット
主砲15.5cm三連装×5計15門

48 アメリカ海軍戦艦 カリフォルニア BB44
United States Navy Battleship California BB44

ピットロード1/700レジンキャストキット
製作／冨田博司
全長190.4m　排水量3万2000トン　速力21ノット
主砲35.6cm三連装×4計12門

58 アメリカ海軍戦艦 ペンシルヴァニア BB38
United States Navy Battleship Pennsylvania BB38

ピットロード1/700レジンキャストキット（アリゾナより改造）
製作／林 幹人
全長185.3m　排水量3万3100トン　速力21ノット
主砲35.6cm三連装×4計12門

---

1 アメリカ海軍軽巡洋艦 フェニックス CL46（ブルックリン級軽巡洋艦）
United States Navy Light cruiser Phoenix CL46
2 アメリカ海軍駆逐艦 ブルー DD387（クレーブン級駆逐艦）
United States Navy Destroyer Blue DD387
3 アメリカ海軍駆逐艦母艦 ホイットニー AD4
United States Navy Destroyer tender Whitney AD4
4 アメリカ海軍駆逐艦 カニンガム DD371（マハン級駆逐艦）
United States Navy Destroyer Conyngham DD371
5 アメリカ海軍駆逐艦 レイド DD369
United States Navy Destroyer Reid DD369
6 アメリカ海軍駆逐艦 タッカー DD374（マハン級駆逐艦）
United States Navy Destroyer Tucker DD374
7 アメリカ海軍駆逐艦 ケイス DD370（マハン級駆逐艦）
United States Navy Destroyer Case DD370
8 アメリカ海軍駆逐艦 セルフリッジ DD357（ポーター級駆逐艦）
United States Navy Destroyer Selfridge DD357
9 アメリカ海軍駆逐艦 ラルフ・タルボット DD390（クレーブン級駆逐艦）
United States Navy Destroyer Ralph Talbot DD390
10 アメリカ海軍駆逐艦 パターソン DD392（クレーブン級駆逐艦）
United States Navy Destroyer Patterson DD392
11 アメリカ海軍駆逐艦 ヘンリー DD391（クレーブン級駆逐艦）
United States Navy Destroyer Henley DD391
12 アメリカ海軍駆逐艦 エイルウィン DD355（ファラガット級駆逐艦）
United States Navy Destroyer Aylwin DD355
13 アメリカ海軍駆逐艦 デール DD353（ファラガット級駆逐艦）
United States Navy Destroyer Dale DD353
14 アメリカ海軍駆逐艦 ファラガット DD348（ファラガット級駆逐艦）
United States Navy Destroyer Farragut DD348
15 アメリカ海軍駆逐艦 モナハン DD354（ファラガット級駆逐艦）
United States Navy Destroyer Monaghan DD354
16 アメリカ海軍軽敷設艦 ラムゼイ DM16
United States Navy Light minelayer Ramsay DM16
17 アメリカ海軍軽敷設艦 ギャムブル DM15
United States Navy Light minelayer Gamble DM15
18 アメリカ海軍軽敷設艦 モンゴメリー DM17
United States Navy Light minelayer Montgomery DM17
19 アメリカ海軍高速掃海艦 トレバー DMS16
United States Navy High-speed minesweeper Montgomery DMS16
20 アメリカ海軍敷設艦 ブリーズ DM18
United States Navy Light minelayer Breese DM18
21 アメリカ海軍高速掃海艦 ゼーン DMS14
United States Navy High-speed minesweeper Zane DMS14
22 アメリカ海軍高速掃海艦 ペリー DMS17
United States Navy High-speed minesweeper Perry DMS17
23 アメリカ海軍高速掃海艦 ウォスムス DMS15
United States Navy High-speed minesweeper Wasmuth DMS15
24 アメリカ海軍工作艦 メデューサ AR1
United States Navy Repair ship Medusa AR1
25 アメリカ海軍水上機母艦 カーティス AV4
United States Navy Seaplane tender Curtiss AV4
26 アメリカ海軍水上機母艦 タンジール AV8
United States Navy Seaplane tender Tangier AV8
27 アメリカ海軍標的艦 ユタ AG16
United States Navy Target ship Utah AG16
28 アメリカ海軍軽巡洋艦 ローリー CL7（オマハ級軽巡洋艦）
United States Navy Light cruiser Raleigh CL7
29 アメリカ海軍軽巡洋艦 デトロイト CL8（オマハ級軽巡洋艦）
United States Navy Light cruiser Detroit CL8
30 アメリカ海軍駆逐艦 フェルプス DD360（ポーター級駆逐艦）
United States Navy Destroyer Phelps DD360
31 アメリカ海軍駆逐艦 マクドノー DD351（ファラガット級駆逐艦）
United States Navy Destroyer Macdonough DD351
32 アメリカ海軍駆逐艦 ウォーデン DD352（ファラガット級駆逐艦）
United States Navy Destroyer Worden DD352
33 アメリカ海軍駆逐艦 デューイ DD349（ファラガット級駆逐艦）
United States Navy Destroyer Dewey DD349
34 アメリカ海軍駆逐艦 ハル DD350（ファラガット級駆逐艦）
United States Navy Destroyer Hull DD350
35 アメリカ海軍駆逐艦母艦 ドビン AD3
United States Navy Destroyer tender Dobbin AD3
36 アメリカ海軍病院船 ソレース AH5
United States Navy Hospital ship Solace AH5
37 アメリカ海軍退役巡洋艦 ボルチモア CM1
United States Navy Retired cruiser Baltimore CM1
38 アメリカ海軍駆逐艦 アレン DD66（サンプソン級駆逐艦）
United States Navy Destroyer Allen DD66
39 アメリカ海軍駆逐艦 チュー DD106（ウィックス級駆逐艦）
United States Navy Destroyer Chew DD106
40 アメリカ海軍戦艦 ネヴァダ BB36（ネヴァダ級戦艦）
United States Navy Battleship Nevada BB36
41 アメリカ海軍工作艦 ヴェスタル AR4
United States Navy Repair ship Vestal AR4
42 アメリカ海軍戦艦 アリゾナ BB39（ペンシルヴァニア級戦艦）
United States Navy Battleship Arizona BB39
43 アメリカ海軍戦艦 テネシー BB43（テネシー級戦艦）
United States Navy Battleship Tennessee BB43
44 アメリカ海軍戦艦 ウエストヴァージニア BB48（ウエストヴァージニア級戦艦）
United States Navy Battleship West Virginia BB48
45 アメリカ海軍戦艦 メリーランド BB46（ウエストヴァージニア級戦艦）
United States Navy Battleship Maryland BB46
46 アメリカ海軍戦艦 オクラホマ BB37（ネヴァダ級戦艦）
United States Navy Battleship Oklahoma BB37
47 アメリカ海軍艦隊給油艦 ネオショー AO23（シマロン級艦隊給油艦）
United States Navy Fleet oiler Neosho AO23
48 アメリカ海軍戦艦 カリフォルニア BB44（テネシー級戦艦）
United States Navy Battleship California BB44
49 アメリカ海軍小型水上機母艦 アボセット AVP4
United States Navy Small seaplane tender Avocet AVP4
50 アメリカ海軍駆逐艦 ヘルム DD388（クレーブン級駆逐艦）
United States Navy Destroyer Helm DD388
51 アメリカ海軍掃海艇 ボボリンク AM20
United States Navy Minesweeper Bobolink AM20
52 アメリカ海軍掃海艇 ヴィレオ AM52
United States Navy Minesweeper Vireo AM20
53 アメリカ海軍掃海艇 レイル AM26
United States Navy Minesweeper Rail AM26
54 アメリカ海軍掃海艇 ターン AM31
United States Navy Minesweeper Tern AM31
55 アメリカ海軍駆逐艦 ショー DD373（マハン級駆逐艦）
United States Navy Destroyer Shaw DD373
56 アメリカ海軍駆逐艦 カッシン DD372（マハン級駆逐艦）
United States Navy Destroyer Cassin DD372
57 アメリカ海軍駆逐艦 ダウンズ DD375（マハン級駆逐艦）
United States Navy Destroyer Downes DD375
58 アメリカ海軍戦艦 ペンシルヴァニア BB38
United States Navy Battleship Pennsylvania BB38
59 アメリカ海軍敷設艦 オグララ CM4
United States Navy Minelayer Oglala CM4
60 アメリカ海軍潜水艦 キャッシュロット SS170
United States Navy Submarine Cachalot SS170
61 アメリカ海軍軽巡洋艦 ヘレナ CL50（セントルイス級軽巡洋艦）
United States Navy Light cruiser Helena CL50
62 アメリカ海軍駆逐艦 ジャービス DD393（クレーブン級駆逐艦）
United States Navy Destroyer Jarvis DD393
63 アメリカ海軍雑役艦 アルゴンヌ AG31
United States Navy Auxiliary, miscellaneous Argonne AG31
64 アメリカ海軍砲艦 サクラメント PG19
United States Navy Gunboat Sacramento PG19
65 アメリカ海軍駆逐艦 マグフォード DD389（クレーブン級駆逐艦）
United States Navy Destroyer Mugford DD389
66 アメリカ海軍工作艦 リゲル AR11
United States Navy Repair ship Rigel AR11
67 アメリカ海軍駆逐艦 カミングス DD365（マハン級駆逐艦）
United States Navy Destroyer Cummings DD365
68 アメリカ海軍軽巡洋艦 ホノルル CL48（ブルックリン級軽巡洋艦）
United States Navy Light cruiser Honolulu CL48
69 アメリカ海軍駆逐艦 スライ DD103（ウィックス級駆逐艦）
United States Navy Destroyer Schley DD103
70 アメリカ海軍艦隊給油艦 ラモポ AO12
United States Navy Fleet oiler Ramapo AO12
71 アメリカ海軍重巡洋艦 サンフランシスコ CA38（アストリア級重巡洋艦）
United States Navy Heavy cruiser San Francisco CA38
72 アメリカ海軍重巡洋艦 ニューオリンズ CA32（アストリア級重巡洋艦）
United States Navy Heavy cruiser New Orleans CA30
73 アメリカ海軍敷設艦 プレーブル DM20
United States Navy Light minelayer Preble DM20
74 アメリカ海軍小型水上機母艦 スワン AVP7
United States Navy Small seaplane tender Swan AVP7
75 アメリカ海軍軽巡洋艦 セントルイス CL49（セントルイス級軽巡洋艦）
United States Navy Light cruiser St. Louis CL49
76 アメリカ海軍駆逐艦 バグリー DD386（クレーブン級駆逐艦）
United States Navy Destroyer Bagley DD386
77 アメリカ海軍軽敷設艦 トレーシー DM19
United States Navy Light minelayer Tracy DM19
78 アメリカ海軍軽敷設艦 プルイット DM22
United States Navy Light minelayer Pruitt DM22
79 アメリカ海軍掃海艇 グリーヴ AM43
United States Navy Minesweeper Grebe AM43
80 アメリカ海軍軽敷設艦 シカード DM21
United States Navy Light minelayer Sicard DM21
81 アメリカ海軍駆逐艦改造水上機母艦 ソーントン AVD11
United States Navy Seaplane tender (destroyer) Thornton AVD11
82 アメリカ海軍駆逐艦改造水上機母艦 ハルバード AVD6
United States Navy Seaplane tender (destroyer) Hulbert AVD6
83 アメリカ海軍潜水艦 タウタグ SS199
United States Navy Submarine Tautog SS199
84 アメリカ海軍潜水艦 ドルフィン SS169
United States Navy Submarine Dolphin SS169
85 アメリカ海軍潜水艦 ガジョン SS211
United States Navy Submarine Gudgeon SS211
86 アメリカ海軍潜水艦 ナーワル SS167
United States Navy Submarine Narwhal SS167
87 アメリカ海軍潜水母艦 ペリアス AS14
United States Navy Submarine tender Pelias AS14
88 アメリカ海軍測量艦 サムナー AG32
United States Navy Survey ship Sumner AG32
89 アメリカ海軍一般消耗品補給艦 カスター AKS31
United States Navy General stores issue ship Castor AKS31

アメリカ太平洋艦隊主要艦解説

日本の「長門」型戦艦とほぼ同時期に建造された「コロラド」級戦艦の2番艦で、海軍休日(ネイヴァル・ホリデー)の時期には世界で7隻しかない16インチ(40.3cm)主砲を搭載した戦艦群「ビッグセブン」の一隻として知られた。パールハーバー攻撃ではバトルシップ・ロウの内側、戦艦「オクラホマ」の隣に繋止されていたので、魚雷を避けることができ、爆弾2発命中のみと損害は軽微であった。太平洋戦争後半より戦線に参加するようになったが21ノットの低速艦であったため、作戦はもっぱら上陸支援の艦砲射撃となり、沖縄戦のさなかには神風特別攻撃隊で三番砲塔が使用できなくなっている。戦後、1947年4月に退役となり、スクラップ処分された。

ピットロード1/700
インジェクションプラスチックキット
製作/林 幹人

45 アメリカ海軍戦艦 メリーランド BB46
United States Navy Battleship
Maryland BB46

ピットロード1/700
レジンキャストキット
製作/鈴木幹昌

43 アメリカ海軍戦艦 テネシー BB43
United States Navy Battleship
Tennessee BB43

「テネシー」級戦艦のネームシップ。1920年に竣工した超弩級戦艦で、主砲口径は14インチ、すなわち35.6cm砲ながら、3連装砲塔4基12門と強力な火力を誇る。しかも砲身は50口径長であり、日本の「伊勢」型戦艦が主砲は同口径ながら45口径長であることと比較すると、かなりの攻撃力を持つ戦艦であることがわかるだろう。パールハーバー攻撃では「メリーランド」の後方、戦艦「ウエストヴァージニア」の内側にあったため、爆弾2発命中の中破で済んだ。のちに僚艦「カリフォルニア」と共に徹底的な近代化改修を受けて復帰すると、沖縄戦などの艦砲射撃に活躍した。

「ペンシルヴァニア」級戦艦のネームシップで、「扶桑」型戦艦にから「世界最大の戦艦」の称号を奪った艦として知られる。パールハーバー攻撃では、ドックに入っていたところを急降下爆撃機の攻撃を受けて爆弾一発が命中した。この損害は軽微であり、間もなく復帰した「ペンシルヴァニア」は近代化改修を受けると、各地で艦砲射撃を中心とした任務にあたった。しかし1945年7月24日に艦上攻撃機 天山による雷撃が命中し、沈没は免れたものの大浸水を生じた。これが日本海軍の組織的攻撃によってアメリカ艦艇が被った最後の損害だと言われている。

ピットロード1/700
レジンキャストキット(アリゾナより改造)
製作/林 幹人

58 アメリカ海軍戦艦 ペンシルヴァニア BB38
United States Navy Battleship
Pennsylvania BB38

ミッドシップモデル1/700
レジンキャストキット
製作/烈風三速

40 アメリカ海軍戦艦 ネヴァダ BB36
United States Navy Battleship
Nevada BB36

「オクラホマ」級戦艦の2番艦で、就役は第一次世界大戦中の1916年とかなり古い船である。前級の「ニューヨーク」級と同じ排水量の中で、連装砲と混成ながら三連装砲を採用し、集中防御方式を取り入れるなど、以後、「コロラド」級まで続くアメリカの戦艦設計の基本形となった。パールハーバー攻撃時には第一次攻撃隊の魚雷と爆弾が命中、しかし機関が健在だったため在泊戦艦の中で唯一移動を開始した。その直後に来襲した第二次攻撃隊に集中攻撃を浴びてホスピタル岬沖で沈没を免れるためにわく乗した。攻撃隊。復旧後は大西洋、太平洋の両洋で艦砲射撃など支援作戦に従事し、戦後はビキニ環礁で実施された原爆実験の標的艦となって処分された。

7隻建造された「ニューオーリンズ」級重巡洋艦の5番艦で、あえて比較すれば日本海軍の「妙高」型に相当する有力な巡洋艦であった。パールハーバー攻撃ではドック入りしていたために難を避けることができた。戦後も大西洋予備役艦隊で1950年代を通じて保管され、1961年にスクラップとして解体された。同型艦の実に6隻が太平洋戦区に投入され、第一次ソロモン海戦では三川軍一司令が率いる第八艦隊と戦い3隻が撃沈、ルンガ沖夜戦でも2隻が大破するなど、もっとも損害を重ねたシリーズであった。

ピットロード1/700
インジェクションプラスチックキット
製作/村山弘之

71 アメリカ海軍重巡洋艦 サンフランシスコ CA38
United States Navy Heavy cruiser
San Francisco CA38

ミッドシップモデル1/700
レジンキャストキット
製作/早川利宇

75 アメリカ海軍軽巡洋艦 セントルイス CL49
United States Navy Light cruiser
St. Louis CL49

「セントルイス」級軽巡洋艦のネームシップ。同型艦「ヘレナ」とあわせて2隻が建造された。排水量は1万トンながら、水上機4機の運用能力があり、また3連装15.2cm砲を前部に3基、後部に2基、合計15門の強力な砲力を持っていた。パールハーバー攻撃時は湾内から脱出する途中で特殊潜航艇から雷撃されたが、回避に成功した。また10-10埠頭に繋止されていた「ヘレナ」には航空魚雷1本が命中したが、この爆発に巻き込まれ隣接していた敷設艦「オグララ」が沈没している。

第一次世界大戦後に10隻建造された「オマハ」級軽巡洋艦の5番艦。建造時は速度性能、攻撃力ともに世界でもトップクラスであったが、第二次世界大戦時にはアメリカでもっとも古い巡洋艦になりつつあった。パールハーバー攻撃時に、「デトロイト」は本来なら空母が繋止されているフォード島の北西岸に停泊していたが、標的艦「ユタ」や姉妹艦の軽巡「ローリー」に魚雷が集中したため難を避けることができた。パールハーバーから脱出した「デトロイト」は敵上陸に備えて、オアフ島西岸の警戒と偵察にあたっている。

ニコモデル1/700
レジンキャストキット
(ミルウォーキーより改造)
製作/市野昭彦

29 アメリカ海軍軽巡洋艦 デトロイト CL8
United States Navy Light cruiser Detroit CL8

コンブリック1/700
レジンキャストキット
(ポーター1938より改造)
製作/村山弘之

30 アメリカ海軍駆逐艦 フェルプス DD360 (ポーター級駆逐艦)
United States Navy Destroyer Phelps DD360

1936年から8隻が竣工した「ポーター」級駆逐艦の一隻で、パールハーバー攻撃時にはフォード島の北東岸にあたるX-2錨地に、「ファラガット」級駆逐艦の「マクドノー」、「ウォーデン」、「デューイ」および駆逐艦母艦「ドビン」と並んで停泊していた。「ポーター」級は嚮導駆逐艦として建造された大型駆逐艦で連装砲塔4基搭載するという重武装艦だったがのちに復元性不良に悩まされることとなった。「フェルプス」は奇襲を無傷で切り抜け、反撃により少なくとも1機を撃墜している。奇襲後は第11任務部隊に属して、珊瑚海海戦では空母「レキシントン」に帯同し、航行不能になった同艦を雷撃し処分した。

1936年から18隻が竣工した「マハン」級駆逐艦の「カニンガム」は、パールハーバー攻撃ではフォード島の北東沖合、東2江のX-8錨地に設けられた防雷網内にて、駆逐艦「レイド」、「タッカー」、「ケイス」、「セルフリッジ」らとともに繋止されていた。これらの駆逐艦群は空母の即座に対応することができ、数機の敵機を撃墜している。そして空襲が去ると、12月一杯をハワイ近海での哨戒活動に費やした。

ミドシップモデル1/700
レジンキャストキット
(マハン1938より改造)
製作/箱 二三

4 アメリカ海軍駆逐艦 カニンガム DD371 (マハン級駆逐艦)
United States Navy Destroyer Conyngham DD371

1/700フルスクラッチビルド
製作/米波保之

★ アメリカ海軍駆逐艦 ワード DD139 (ウィックス級駆逐艦)
United States Navy Destroyer Ward DD139

第一次大戦時にアメリカが大量建造した、フラッシュデッカー(平甲板)型として知られる駆逐艦のひとつ、「ウィックス」級駆逐艦で、ウィリアム・アウターブリッジ艦長の指揮のもとでパールハーバー湾口のパトロールに従事していた。12月7日未明に雑役船に紛れて港内に侵入しようとする特殊潜航艇を発見、追跡ののちに撃沈した。これはパールハーバー攻撃が行なわれるよりも早かったため、実質的に太平洋戦争におけるアメリカ軍の最初の戦闘行動となった。

「シマロン」級給油艦の一隻で、パールハーバー攻撃にはバトルシップロウの先端にあたるガソリン桟橋にて海軍航空基地で使用する資材の荷揚げ作業中であった。バトルシップ・ロウには日本軍機の攻撃が集中したが、「ネオショー」は攻撃目標としての優先順位が低かったため機銃掃射を受けたのみで撃沈を免れた。しかしその半年後の珊瑚海海戦では、航空母艦と誤認した日本軍機の集中攻撃により爆弾7発が命中、被弾ばかりか、九九式艦爆の体当たりまで受けて廃棄処分となった。

ピットロード1/700レジンキャストキット
製作/遠藤貴浩

47 アメリカ海軍艦隊給油艦 ネオショー AO23 (シマロン級艦隊給油艦)
United States Navy Fleet oiler Neosho AO23

コンブリック1/700レジンキャストキット
(防護巡洋艦ボルチモアより改造)
製作/林 幹人

37 アメリカ海軍退役巡洋艦 ボルチモア CM1
United States Navy Retired cruiser

1890年に就役した排水量4800トンの旧式の防護巡洋艦で、35口径8インチ(20.3cm)砲2門、6インチ(15cm)砲6門を搭載、19ノットを発揮できた。第一次大戦時にはすでに旧式化しており機雷敷設艦として使用され、1919年に艦種記号を機雷敷設艦を意味するCMに変更されている。本艦はパールハーバー攻撃時には武装は撤去されて宿泊艦として使用されていたが、パールハーバー攻撃を境に利用価値も無くなったため、1942年2月にスクラップとして処分された。

アメリカ海軍で最初に建造された工作艦で、船体は「ドビン」級駆逐艦母艦と同じながら、8トンデリックを2基搭載し、医療設備も充実していた。1941年夏からパールハーバーで任務に就き、攻撃時には中2江にいて、駆逐艦「モナハン」と協力して日本の特殊潜航艇を撃沈している。また対空戦闘では2機の九九式艦爆を撃墜したとされる。攻撃後は浸水している飛行艇の排水作業や、標的艦「ユタ」の乗員救出、着底した戦艦「ネヴァダ」への弾薬補給のほか、小型舟艇根の材料補給および、工作艦本来の任務に全力でかかり、艦隊の回復を支援した。

コルセアアルマダ1/700
レジンキャストキット
製作/林 幹人

24 アメリカ海軍工作艦 メデューサ AR1
United States Navy Repair ship Medusa AR1

タミヤ1/700
インジェクションプラスチックキット
(ボーグより改造)
製作/林 幹人

26 アメリカ海軍水上機母艦 タンジール AV8
United States Navy Seaplane tender
Tangier AV8

1939年に竣工した、民間商船から改造された水上機母艦で、1941年11月からフォード島海軍航空基地の第2航空偵察団の支援任務にあたっていた。攻撃時は標的艦「ユタ」の並びにあって至近弾数回初を受けたが損害はほとんどなく、逆に3機を撃墜、また湾内に侵入した特殊潜航艇1隻を撃沈したと報告している。この時の艦長は、のちにレイテ沖海戦で第77任務部隊第4群第3集団を率い、栗田艦隊とサマール沖で遭遇戦を行なったクリフトン・スプレイグであった。

1924年に就役した満載排水量1万2450トンの駆逐艦母艦で、駆逐艦など小型艦艇の乗員を支援するのが主任務であった。パールハーバー攻撃時にはX-2錨地にて「ファラガット」級駆逐艦群に並んで停泊していたが、バトルシップ・ロウへの攻撃をもっとも近くで見られる場所にいたため、次の攻撃目標を探していた日本機に真っ先に狙われたが命中弾はなく至近弾による小破のみで生き延びることができた。戦闘後、「ドビン」はすぐにカッターを出して洋上に漂う水兵を救出し、救護にあたっている。

1/700フルスクラッチビルド
製作/大平陸雄

35 アメリカ海軍駆逐艦母艦 ドビン AD3
United States Navy Destroyer tender Dobbin AD3

1/700フルスクラッチビルド
製作/細田勝久

77 アメリカ海軍軽敷設艦 トレーシー DM19
United States Navy Light minelayer Tracy DM19

第一次大戦時に大量建造されたフラッシュデッカー(平甲板)型駆逐艦のひとつ、「クレムソン」級駆逐艦で、パールハーバー攻撃時は南東入江のドックで主機全缶などのオーバーホール中であった。わずかに現場にいた「トレーシー」の乗員は、日本軍機を認めると、反撃用の武器を探したがほとんどは陸揚げされていたため、隣のドックに入っていた駆逐艦「カミングス」や戦艦「ペンシルヴァニア」に走り、そこで対空射撃に従事した。攻撃がおさまると戦艦「カリフォルニア」の鎮火にも参加している。

1940年7月に客船から改造後に、病院船として就役した。パールハーバー攻撃時にはバトルシップ・ロウの北東500mほどの位置に停泊していたため、戦艦「アリゾナ」の爆発を至近で目撃している。「ソレース」からはただちにモーターランチが出動して、爆沈した「アリゾナ」の乗員救出にあたった。その後もランチは「ウェストヴァージニア」や「オクラホマ」など、被害が大きな戦艦の負傷者を幾度も救出しては母船に届け、多くの将兵の命を救ったのである。

1/700フルスクラッチビルド
製作/大平陸雄

36 アメリカ海軍病院船 ソレース AH5
United States Navy Hospital ship Solace AH5

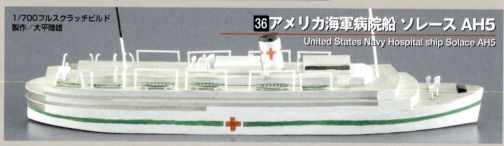

コルセアアルマダ1/700
レジンキャストキット
(ビレオより改造)
製作/林 幹人

49 アメリカ海軍小型水上機母艦 アボセット AVP4
United States Navy
Small seaplane tender
Avocet AVP4

1918年に掃海艇として就役した1000トン未満の小型艦艇で、1925年に小型水上機母艦に艦種変更された。攻撃時にはバトルシップ・ロウの並びにあるフォード島の水上機降着場に停泊していたので、超低空飛行で侵入する九七式艦攻に対して激しい射撃を浴びせた。特に戦艦「カリフォルニア」を雷撃した空母「加賀」所属の九七式艦攻を3インチ砲の初弾で撃墜したことで知られている。パールハーバー攻撃における有名な写真の多くはアボセットから撮影されたものである。

水中排水量約4000トンの「ナーワル」級潜水艦のネームシップで、パールハーバー攻撃時には太平洋艦隊司令部の目の前のS-9錨地にあるドックに入っていた。日本軍機に攻撃された5隻の潜水艦のうちの1隻で、フォード島への攻撃を確認した数分後には、九七式艦攻への対空砲火を浴びせかけている。太平洋戦争中、「ナーワル」は実に15回もの哨戒作戦に従事して、日本のシーレーンに打撃を加え続けた殊勲艦となった。

1/700フルスクラッチビルド
製作/林 幹人

86 アメリカ海軍潜水艦 ナーワル SS167
United States Navy Submarine Narwhal SS167

童友社1/700
インジェクションプラスチックキット
(ガトーより改造)
製作/林 幹人

83 アメリカ海軍潜水艦 タウトグ SS199
United States Navy Submarine Tautog SS199

1940年に就役した「タンバー」級潜水艦2番艦で、パールハーバー攻撃時は「ナーワル」の隣のドックに入っていた。フォード島が攻撃されると、すぐさま反撃を開始し、潜水艦「ナーワル」や周辺の駆逐艦と協力して、メリーズ岬付近で九七式艦攻を撃墜し、この方面からの侵入を阻止している。のちに通商破壊作戦に投入された「タウトグ」は26隻、7万トン超の日本船舶を撃沈した。これは海軍において撃沈数で2位、撃沈トン数で11位であり、「タウトグ」には「テリブルT(恐怖のT)」とのニックネームが与えられた。

第 4 部

空襲開始

ハワイ北方より接近した南雲機動部隊からついに空襲部隊が解き放たれた。第一次攻撃隊183機による空襲はアメリカ太平洋艦隊の虚を突き完全な奇襲攻撃となった。ここでは二波からなる日本軍の空襲の過程と、その結果アメリカ艦艇が被った損害を解説する。

中嶋 B5N2 九七式三号艦上攻撃機
Nakajima B5N2 [Kate] Type 97 Carrier Attack Bomber
ハセガワ 1/48 インジェクションプラスチックキット
製作／田中克自

第一次攻撃隊第一波の雷撃隊に参加した「加賀」第2中隊分隊長鈴木三守大尉機。バトルシップ・ロウを雷撃した6機編成の同中隊は実に4機が未帰還となったが、そのうちの1機が本機であった。なお「加賀」全体での九七式艦攻の未帰還機は全部で5機であり、パールハーバー

パールハーバーを襲う空襲部隊
トラ・トラ・トラ！

単冠湾より出撃した南雲機動部隊は北方航路をとり密かにハワイに接近する。対米交渉決裂によりついに開戦を決意した日本海軍は艦隊に対して計画通り戦闘を開始することを命じた。6隻の空母から183機からなる第一次攻撃隊が発艦していく……

文／白石 光

■運命への航海

1941年11月26日水曜日。黎明の択捉島単冠湾では、集結した無数の艦艇の間で、しきりに発光信号が交わされていた。やがて徐々に明るくなってはきたが、空模様は雲底の低い鉛色の全天雲だ。海面を這うように立ちこめた朝霧のせいで、各艦艇はシルエットでしか確認できないような有様だった。

0600時、投錨中の各艦艇の艦上がにわかに活気づいた。甲板上に響き渡る大声の号令。ラッタルを上下する際の甲高い靴音。やがて揚錨機が回りだし、アンカーチェーンが立てる鈍い金属音とともに海中から主錨が引き揚げられた。機関音がひときわ高くなるとともに煙突からの排煙が濃度を増すと、各艦は静々と動き出す。世界最大規模の機動部隊の堂々たる出撃である。

ところがこのとき、ちょっとしたアクシデントが起こった。南雲が座乗する「赤城」の主錨が上がらなくなり、そのせいで旗艦の出港が30分ほど遅れたのである。

単冠湾からひとたび外海に出ると、北太平洋は完全に冬の様相を呈していた。外気温がきわめて低いうえに肌を刺す鋭い寒風が吹きすさび、ときおり降る雪が吹雪となって吹き付ける。北西の風で風速は毎秒5～10m。小さな駆逐艦では傾斜が10度から20度にも達したと、「秋雲」の先任将校は記録している。

この日、アメリカ太平洋艦隊司令長官ハズバンド・キンメル大将の元に、11月24日付けの海軍作戦部長ハロルド・スターク大将からの機密電が届けられていた。その内容は、日米開戦の可能性がきわめて高く高度の警戒態勢に入らねばならないこと、同様の警告を陸軍の上級司令官各位にも伝達すべしというものだった。だがキンメルは、それほどの緊迫感を持ってこの機密電に接してはいなかった。

南雲の指揮下には、本人直卒の第一航空戦隊の「赤城」と「加賀」、山口多聞少将麾下の第二航空戦隊の「蒼龍」と「飛龍」、原忠一少将麾下の第五航空戦隊の「翔鶴」と「瑞鶴」、このように日本海軍が誇る艦隊空母6隻が勢揃いしていた。だが艦上機搭乗員の練度は均質というわけではなく、第一航空戦隊が最優秀で、それに第二航空戦隊が肉迫し、第五航空戦隊がやや劣るという感じだった。とはいえ艦上機搭乗員の練度と技量は個人差があるものなので、あくまで平均値としての見解である。

支援部隊としては高速戦艦の「比叡」と「霧島」、重巡洋艦の「利根」と「筑摩」が機動部隊に従い、第三戦隊司令官三川軍一中将がこれを指揮していた。彼はアメリカ艦隊との万が一の水上戦闘を想定しており、その場合、戦艦2隻、重巡2隻の小戦力では機動部隊を守り切れないと感じていた。このような理由から、第2小隊の「金剛」と「榛名」を南方作戦に分遣せず、いっしょに連れてくるべきだったと悔いていた。

機動部隊は少なくとも往路にかんしては、徹底的な警戒と無線封止を施すことになっていた。そのため各艦では、送信用の電鍵は封印されるか一時的に取り外されていたが、受信だけは可能なように受信機は稼働状態にあった。そしてこういった事情により、艦艇同士の通信は旗旒信号、手旗信号、発光信号をもって行われた。また、夜間における灯火管制も徹底したもので、どうしても通信の必要がある場合は指向性の発光信号機が用いられた。

機動部隊では、航海の前半では4直配備警戒態勢がとられ、後半になると、より厳重な2直配備警戒へと移行した。もちろん艦上機も緊急発艦が可能なように、機動部隊全体で戦闘機18機、艦爆9機が即応待機の状態に置かれていた。

■「ニイタカヤマノボレ1208」

航海が始まると同時に、各級の指揮官たちは精神的に大きなプレッシャーを受けることになった。例えば、「蒼龍」艦長柳本柳作大佐は24時間即応できるよう軍服着用のまま艦橋の艦長席で仮眠をとるだけだったし、山口もまた「蒼龍」の艦橋から降りず、傍らの休息室で休むだけだったという。

だが最大のプレッシャーに晒されていたのは、機動部隊と作戦の両方の全責任を担っていた南雲であった。本来が水雷屋であるにもかかわらず、門外漢ともいえる航空が主体の祖国存亡を賭けた乾坤一擲の大作戦を指揮する身となった彼は、航海が始まると一時は不眠症にも近い状態となり、そのような司令長官の顔色を部下に見せるのを危惧した源田が草鹿に対し、南雲に心配をやめて顔色を改善されるよう進言する一幕もあった。

機動部隊は日米交渉の合意に最後の望みを託しつつ刻一刻とハワイに近づいていたが、ついに運命の日が訪れた。12月1日の1400時に催された御前会議にて、アメリカ、イギリス、オランダに対する開戦の決断が

▲航行中の補給部隊。右列先頭から国洋丸、日本丸、神国丸。極東丸から写す。1941年12月1日の撮影。

南雲忠一
Chuichi Nagumo

海軍兵学校第三十六期生。成績は優等で、いわゆる海軍休日（ネイヴァル・ホリデー）の期間には軍縮条約反対、つまり艦隊派の先頭に立ち、山本五十六らと対立した。艦隊でのキャリアはもっぱら水雷を中心としていたが、1941年4月に第一航空艦隊司令長官に着任すると、真珠湾攻撃の成功を皮切りに連戦連勝、機動部隊の破壊力を世界に見せつけた。しかし1942年6月にミッドウェー海戦で敗北して空母4隻を失うと、捲土重来を期して第三艦隊長官として南太平洋海戦にも臨んだが、勝利を逸した。1944年3月に中部太平洋方面艦隊司令長官としてサイパンに赴き、同島の玉砕時に自決した。

源田実
Minoru Genda

海軍兵学校第五十二期生。1928年に霞ヶ浦航空隊に入隊し、以降、海軍航空隊の育成に邁進する。支那事変では第二連合航空隊司令部参謀として着任し、戦闘機による制空を理論化して多くの勝利を飾り、1941年4月10日に第一航空艦隊が編成されると、航空参謀に任命された源田は、真珠湾攻撃における航空作戦の立案と実行に携わった。この際に彼の意見はほぼそのまま採用されるのが常であったため、第一航空艦隊は「源田艦隊」とも揶揄された。戦争末期には三四三空司令として凄腕パイロットを束ねて防空戦闘に奮闘した。戦後は航空自衛隊の創設にも関与している。

南雲機動部隊の進路
1941年11月26日〜12月23日

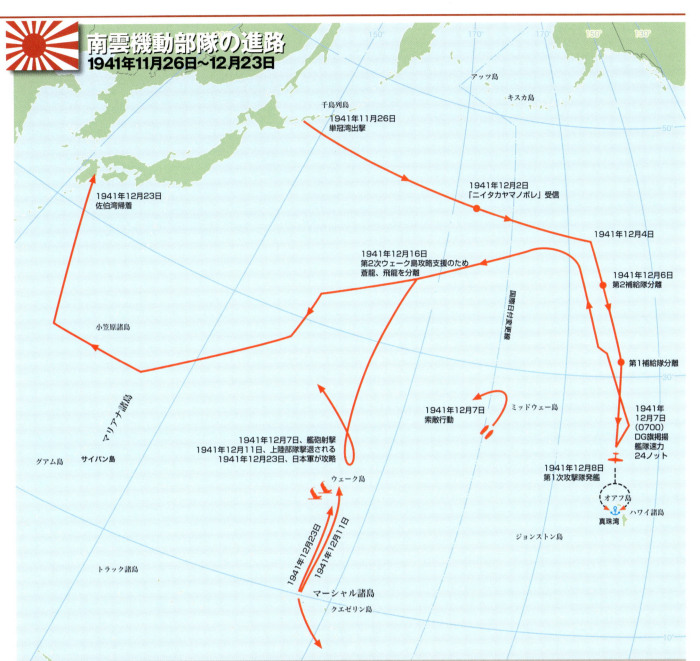

●11月上旬より集結をはじめた南雲機動部隊は、11月26日、択捉島単冠湾から出航、進路は船舶の少ない北方航路を採用した。冬の太平洋ではこの航路を使用する船舶が少ないためだったが、荒天が多く駆逐艦などの小型艦の航行は困難を極めた。11月28日、最初の給油を受けた後、12月2日、前日の御前会議の決定を受けて発信された暗号電文「ニイタカヤマノボレ1208」を受信、この時点でパールハーバー攻撃が正式に決定した。

12月4日、激しい荒天の中転進、アメリカ太平洋艦隊の哨戒網を縫うように北方からハワイに接近していった。1941年はじめからハワイは全周警戒を敷いていたが春以降、北側の警戒網を解除しており、南雲艦隊はその穴を突いた。

12月6日朝、第2補給隊（「東邦丸」、「東榮丸」、「日本丸」）と駆逐艦「霞」が分離、各艦には防弾用のハンモックのマントレットなどが取り付けられ臨戦態勢が整った。

作戦前日となる12月7日、残っていた第1補給隊（「旭東丸」、「神国丸」、「健洋丸」、「國洋丸」）と駆逐艦「霞」も機動部隊の隊列から離れていく。機動部隊に同行した駆逐艦のうち、比較的航続距離の短い「朝潮」型の2隻はこの段階で戦列を離れ、いよいよ12月8日の作戦決行日を迎える。

●作戦後の南雲機動部隊は帰路についた。艦隊は当面、航空機による攻撃はないものと考え潜水艦への警戒に注力していた。高角砲は平射に備えつつ、高射装置には配員していなかったようだ。航行序列は第10警戒航行序列を採用。これは前列に傘形に阿武隈率いる第一水雷戦隊を配置、中央に空母と戦艦、周囲に第八戦隊を配した輪形陣に近いものだった。再合流した給油艦は輪形陣の外側に配置しており、艦隊最後尾には駆逐艦「秋雲」と「浦風」が付いていた。

山口多聞
Tamon Yamaguchi

海軍兵学校第四〇期生。次席で卒業し、文武両道を体現したような少尉候補生であった。第一次大戦では地中海で船団護衛に従事した。1940年には大西瀧治郎と共に重慶爆撃を遂行し、航空機の威力を理解する。同年11月に空母「蒼龍」、「飛龍」の第二航空戦隊司令官に着任すると「人殺し多聞」と非難されるほどの猛訓練に明け暮れた。作戦立案時には、二航戦は航続距離不足が懸念されたが、真珠湾攻撃を成功に導く原動力となった。その後、連戦連勝を続けた二航戦だが、ミッドウェー海戦では単艦残った「飛龍」に座乗して最後まで指揮を執り、空母「ヨークタウン」と差し違えて戦死した。

淵田美津雄
Mitsuo Fuchida

海軍兵学校第五十二期生。真珠湾攻撃に先立ち第三航空戦隊参謀の地位にいたが、同期で親友の源田実からは偵察機に乗り最前線から部隊指揮ができる人材として強い推薦を受け、空母赤城飛行隊長に着任した。これは異例の降格人事であった。空襲部隊の総指揮官で第一次攻撃隊を指揮し、有名な「全軍突撃せよ（ト連送）」、「我奇襲に成功せり（トラ・トラ・トラ）」は淵田搭乗機から発信された。ミッドウェー海戦は体調不良により出撃できず生還。以後は後方にあって終戦を迎える。戦後はキリスト教に深く帰依し、伝道を通じて平和運動に身を投じた。

下されたのである。

そしてこの日の夜遅く、宮中に召されて東京に向かった山本に代わって、連合艦隊旗艦「長門」の宇垣の元に大海令第9号が届いた。さらに翌2日1700時、宇垣は大本営命令の封書開封の指示を受領。1730時、開戦が決まったことを通告する暗号電を、山本に代わり全軍に向けて打電した。「ニイタカヤマノボレ1208」

ちなみにニイタカヤマ（新高山）とは、当時日本領だった台湾最高峰の名（現在は玉山）で、開戦決定の意味で使われており、「1208」の数字は12月8日を示していた。つまり電文の内容は「わが国の開戦は12月8日に決定した。ゆえに同日、機動部隊は当初の計画に従ってパールハーバーを攻撃せよ」というものだった。反対に、日米交渉がうまく行って開戦が避けられた際の電文は「ツクバヤマハレ」と送信されることになっていた。ともに「山」の名称がキーワードとされていたのである。

翌3日、山本が宮中に召されていたこの日、機動部隊は荒天下を進撃中だった。しかし開戦決定の報に接して、機動部隊の全将兵の士気はきわめて高揚していた。

6日朝、機動部隊から第二補給隊が分離した。そして7日には、第一補給隊も機動部隊への最後の補給を実施したあとに分離して行った。この間、ハワイの吉川からは次々と情報が伝えられてきていた。アメリカの警戒は特別に厳重ではないこと、2隻いるはずの空母が湾内に見当たらないことなどである。また潜水艦の偵察により、ラハイナ泊地には敵艦艇がいないことも判明した。

7日0600時、機動部隊の全艦艇では、乗組員がそれぞれの乗艦の甲板に集められた。そして連合艦隊司令部からの勅語に続いて、山本の訓示が伝えられた。

「皇国ノ興廃繋リテコノ征戦ニ在リ。粉骨砕身シテ各員ソノ任ヲ完ウスベシ」

続いて南雲は赤城のマストに高々とG・D旗を掲げた。日露戦争の日本海海戦の際、東郷平八郎大将が旗艦「三笠」のマストに掲げたZ旗と同じ「皇国ノ興廃コノ一戦ニアリ。各員イッソウ奮励努力セヨ」という意味を持たせた旗だ。ただし両旗の本来の意味は、G旗が「注意。本艦は航行に難あり」で、D旗が「水先案内人を求む」または「本船は漁網を展開中」である。

一方、7日深夜、パールハーバー湾口に展開した「伊16」、「伊18」、「伊20」、「伊22」、「伊24」の5隻の潜水艦から各1隻ずつ、計5隻の小型潜航艇甲標的が発進していた。2名乗りの甲標的はパールハーバー奥深くにまで侵入し、空襲と呼応して停泊中のアメリカ艦艇を雷撃することになっていた。

ところが、5隻のうちの1隻がパールハーバー湾口を警戒していたアメリカ側に発見されてしまった。そして駆逐艦「ワード」がこの甲標的を攻撃して緊急警報を発したが、空襲の先ぶれともいえる出来事だったにもかかわらず、アメリカ側ではなぜかまったく関心が払われなかった。

■南海の黎明の空へ

8日未明、機動部隊では将兵が活動を始めていた。士官室で先に朝食の席に着いていた第一次攻撃隊雷撃隊長村田は、パールハーバー攻撃隊総指揮官淵田の姿を見ると笑顔で、「総隊長、ホノルルはまだまどろんでますよ」と言った。疑問に思った淵田がなぜわかるのか聞き返すと、同地のラジオKGMBがのどかな音楽を流しているからだと答えた。

淵田は作戦室へと赴き、南雲に出撃準備が整った旨を報告。これを受けた南雲は立ち上がって淵田の手を握りしめながら、「しっかり頼むぞ」と感極まった声で告げたという。そのあと、淵田は源田と出会って互いに激励し合った。

0100時、「利根」と「筑摩」から零式3座水上偵察機1機ずつが発艦した。パールハーバーとラハイナ泊地の最新の状況を探るためである。しかし、もしも水偵が発見されれば、航続距離からの推定で機動部隊の接近をアメリカ側に知られてしまう恐れがあったが、そのリスクを承知のうえで情報収集を優先し、出撃が認められたのである。

▲赤城の飛行甲板上で待機中の零戦。右はAI-101で赤城戦闘機隊1番機、手前はAI-105番機。艦橋周りには弾片防御用のマントレットがびっしりと装着されている。

0120時、機動部隊の空母6隻、戦艦2隻、重巡洋艦2隻、軽巡洋艦1隻、駆逐艦9隻は、オアフ島北方約360kmの艦上機発艦点に達した。6隻の空母は針路を真東に定針し、風速約15mの強風に向かって速力を上げた。

雲量の少ない晴天ではあったが、海のほうは荒れていた。そのため淵田と源田は、航空魚雷を抱いて重くなり機動性が損なわれた九七式艦攻の発艦を断念しようとしたが、同機搭乗員たちが南雲に懇願して出撃が許可された。ちなみにこの発艦で事故を起こした九七式艦攻は1機も生じなかった。

搭乗員たちは、飛行帽の上から武運長久の鉢巻きを締めた。彼らは号令一下、いっせいに愛機へと乗り込む。各空母の飛行甲板では、すでに第一次攻撃隊として出撃する各機のエンジンが運転されており、潮風に乗って轟々たる爆音が響いていた。

荒天のせいで発艦は約20分ほど遅延した。0135時、発艦が発令され、「赤城」の艦上では、最初に発艦する第一次攻撃隊戦闘機隊長板谷茂少佐が乗る零戦の車輪止めが外された。愛機のスロットルを最大に開けた板谷は、飛行甲板両脇のキャット・ウォークに詰めかけた整備兵や乗組員たちが声の限りに連呼する「万歳」と、千切れんばかりに打ち振られる戦闘帽の波に送られて、南海の黎明の空へと飛び立って行った……。

（41ページへ続く）

▲パールハーバーへの侵入を企てた甲標的に対して、太平洋戦争における「最初の1発」を発射した駆逐艦ワードの4インチ3番砲とその砲員たち。

板谷茂
Shigeru Itaya

海軍兵学校第五十七期生。「飛龍」の飛行隊長を経て、1941年4月に「赤城」の飛行隊長に着任。第一航空艦隊の戦闘機隊では最先任であったため、真珠湾攻撃では第一次攻撃隊の制空隊長として参加した。しかし、この時の戦闘では、二番機の平野豪（たかし）一飛曹を失っている。ミッドウェー海戦では出撃待機中に敵空襲を受けて、命からがら「赤城」から脱出している。以後、最前線に立つことはなく、第一航空基地隊飛行隊長として搭乗員訓練にあたり、1944年7月、連絡任務で千島列島の占守島に九六式陸攻で向かうところを、陸軍第五四戦隊の隼戦闘機から誤射され墜死した。

村田重治
Shigeharu Murata

海軍兵学校第五十八期生。「翔鶴」の艤装員や「龍驤」の飛行隊長を経て、1941年9月に臨時赤城飛行隊長に任命される。この結果、「赤城」は淵田、板谷と村田の三人飛行隊長体制となった。淵田美津雄より真珠湾攻撃の実施を知らされるや、航空魚雷による浅深度攻撃の実現に邁進し、真珠湾攻撃の成功に目処をつけた。以降、雷撃隊指揮官として諸海戦に転戦し、ミッドウェー海戦後は「翔鶴」の飛行隊長となる。しかし1942年10月の南太平洋海戦で雷撃隊を率いて出撃して、未帰艦となった。仏像のようなポーカーフェースから「ブツ（ブーツ）」とあだ名されていたことで知られる。

第一次攻撃隊によるアプローチ
1941年12月8日3時10分〜3時35分

0310時、カフク岬北方にて淵田隊長は「奇襲」伝達用の信号弾を発射。183機からなる第一次攻撃隊はオアフ島北岸沿いに南西に進路を変更する

0319時、ワイメア湾沖で淵田隊長機は全機突撃を意味する「ト連奏」を打電

板谷茂少佐が率いる9機の零戦(赤城)に護衛された、高橋赫一少佐麾下の26機の九九式艦爆隊(翔鶴)はコオラウ山脈の西側に沿って南下

菅波政治大尉が率いる8機の零戦(蒼龍)に護衛された、坂本明大尉麾下25機の九九式艦爆隊(瑞鶴)が2隊に分かれ、0321時に東西からホイラー飛行場を攻撃する

0325時、蒼龍の艦攻6機が標的艦ユタ、軽巡ローリーを雷撃
0327時、村田重治少佐の艦攻隊はバトルシップ・ロウに対して雷撃を実施。
0335時、淵田中佐の艦攻隊がバトルシップ・ロウに水平爆撃を実施。志賀大尉の零戦隊がヒッカム飛行場を攻撃

志賀淑雄大尉が率いる9機の零戦(加賀)に護衛された、淵田美津雄中佐麾下の49機の九七式艦攻(水平爆撃)が高度3500mを保ちながら、ワイアナエ山脈の西側から真珠湾に受けて接近

村田重治少佐麾下の40機の九七式艦攻隊(雷装)は二手に分かれて進撃。岡嶋清熊大尉が率いる6機の零戦(飛龍)に護衛された村田隊(赤城・加賀)はワイアナエ山脈の西側で、松村平太大尉の飛龍・蒼龍隊は東側で進路を取る。彼らは編隊を一列に整え、高度を150mまで落とした

　1941年12月8日0300時(日本時間)、第一次攻撃隊はオアフ島北端のカフク岬に到達、その後、オアフ島西岸を南下する。
　0310時(現地時間7日0740時)、奇襲による攻撃を指示するため淵田中佐は機上より信号弾1発を直上に向け発砲、各隊はこれにより行動を起こすはずであった。ところが、菅波政治大尉の制空隊が動きを見せなかったため、先の信号弾を見落としたものと判断した淵田中佐は続けて信号弾をもう1発発射。これが間違いのもとであった。第2集団長 高橋赫一少佐は信号弾2発が上がったため強襲の指示と判断、急降下爆撃隊を率いて、目標へまっしぐらに接敵していってしまった。
　0319時、ワイメア湾沖合にさしかかった時点で空中総指揮官 淵田中佐機より全軍突撃を表す「ト」連奏打電。淵田中佐直率の第1集団とその直掩機は引き続きオアフ島西側の海岸線に沿って南下する。そのころ、高橋少佐率いる第2集団から、まずカネオヘ海軍航空基地攻撃に向かう兼子 正大尉指揮の「翔鶴」の零戦5機と佐藤正夫大尉指揮の「瑞鶴」の零戦6機が分離、オアフ島北岸沿いを東へと飛ぶ。残った第2集団はホイラー飛行場攻撃に向かう坂本 明大尉率いる瑞鶴艦爆隊の九九式艦爆25機、菅波政治大尉率いる蒼龍戦闘機隊の零戦8機と、真珠湾へ向かう高橋赫一少佐指揮の翔鶴艦爆隊、これを直掩する板谷 茂少佐指揮の「赤城」の零戦9機に分離する。瑞鶴艦爆隊はさらに2隊に分かれホイラー飛行場に向かっていった。
　一方、進撃する第1集団から村田重治少佐指揮する雷撃隊「赤城」「加賀」「蒼龍」「飛龍」の各艦攻隊)の九七式艦攻40機と、これを護衛する岡嶋清熊大尉指揮の「飛龍」の零戦6機はワイアラエ湾付近で淵田隊と分離、さらに2隊に分かれて村田少佐直率の赤城艦攻隊・加賀艦攻隊はワイアナエ山脈の西側を、松村平太大尉指揮の飛龍艦攻隊・蒼龍艦攻隊は同山脈の東側を進撃する。
　残る第1集団の赤城艦攻隊・加賀艦攻隊の淵田中佐指揮の九七式艦攻計49機は、志賀淑雄大尉率いる加賀戦闘機隊の零戦9機を従え、オアフ島南西岸沖を進撃していった。

不発に終わった奇襲 特殊潜航艇'甲標的'による襲撃

　第二次世界大戦で使用された小型潜水艇(ミジェット・サブマリン)は、その運用海域によって2種類に大別できた。ひとつは外洋作戦向け、もうひとつが内湾作戦向けである。このうち甲標的は、元来、漸減邀撃の際に大洋上で敵艦隊の前途に展開して雷撃戦を実施する目的で開発された。ゆえに小回りがきく設計ではなく、大洋での航行能力に主眼を置いた設計となっていた。
　ところがパールハーバー攻撃に際して、この甲標的を湾内に送り込んで雷撃を実施するという案が1941年9月、甲標的の運用部隊側から上申された(上層部からの指導があったという説もあり)。これを受けた山本は、生還を期さない「必死作戦」ではなく、生還を前提とした「決死作戦」であることを繰り返し確認したうえで、甲標的の「Z」作戦への参加を承認した。
　秘匿のため本作戦では甲標的を「特型収納筒」と称し、計5隻の甲標的がパールハーバーへの侵入を企てた。そして発進した5隻すべてが未帰還となり、うち2隻が計4本の魚雷を発射したと推定されているが、現在も事実関係の調査が進められている状況である。また、1隻の艇長だった酒巻和男少尉がアメリカ軍に捕まり、「太平洋戦争初の日本人捕虜」となっている。なお、戦死した残り9名の乗組員は2階級特進のうえ「真珠湾の9軍神」として奉じられた。

◀パールハーバーで引き揚げられた岩佐艇。右舷外板に生じた多数の窪みは、爆雷の炸裂による水圧が原因と思われる。本艇は調査後に埋設処分された。

アメリカ海軍駆逐艦 ワード DD139(ウィックス級駆逐艦)
United States Navy Destroyer Ward DD139

1/700フルスクラッチビルド
製作/米波保之

1941年12月7日に「太平洋戦争最初の1発」を放った本艦だったが、1944年12月7日、特攻機の突入を受けて味方に処分された。しかも処分した艦の艦長がパールハーバーでの本艦の艦長という二重の奇遇であった。

日本海軍特殊潜航艇 甲標的
Imperial Japanese Navy Midget submarine Type A Ko-hyoteki

ファインモールド1/72インジェクションプラスチックキット
製作/清水秀春

本艇は漸減邀撃の一翼を担うべく建造されたため、外洋向きで内湾での小回りに欠けた。しかしパールハーバー攻撃後に一部改修が加えられ、限定的ながら小回り能力を獲得した。

第一次攻撃隊（1AF 第2編制）

12月8日01130時（ハワイ時間7日午前6時）に発艦した第一次攻撃隊。総指揮官淵田美津雄中佐率いる183機で第1集団九七式艦攻（水兵爆撃隊）49機＋九七式艦攻（雷撃隊）40機、第2集団九九式艦爆（降爆隊）51機、第3集団零式艦戦（制空隊）43機からなる。

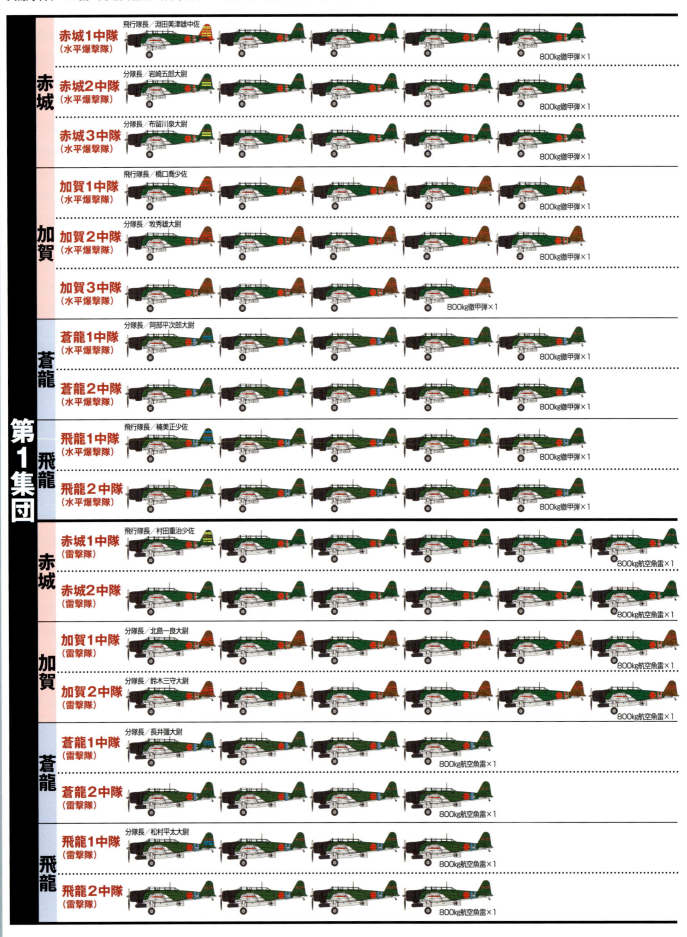

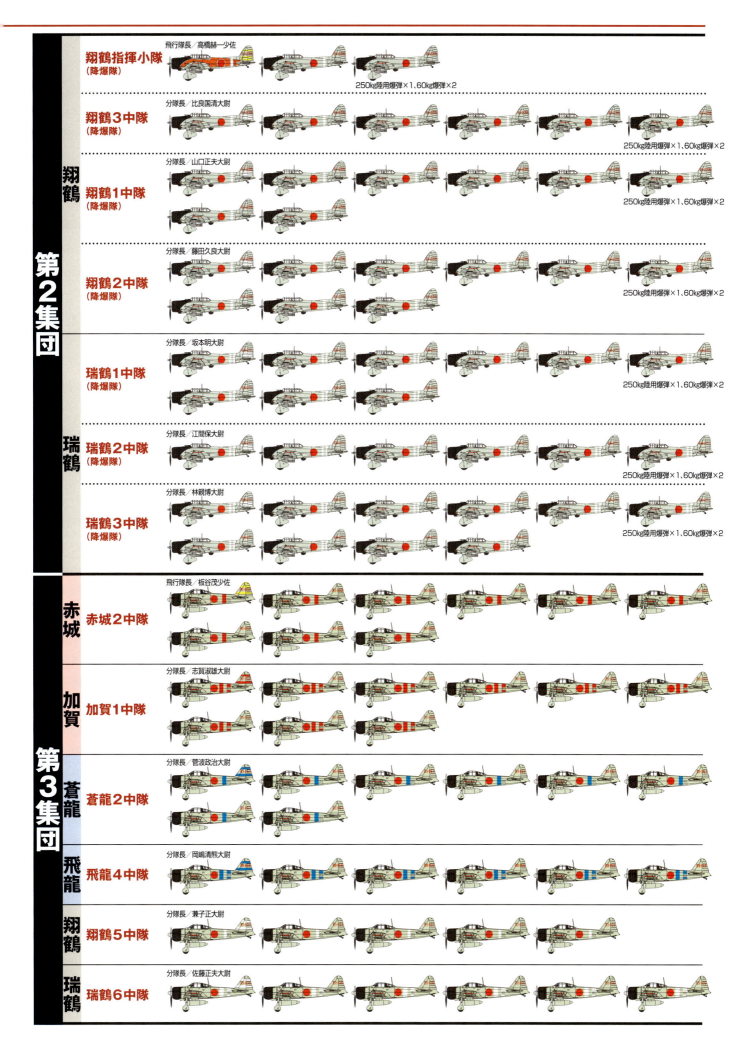

パールハーバーを襲った荒鷲たちのプロフィール
南雲機動部隊から発艦した艦上機

パールハーバー空襲に参加した南雲機動部隊の艦上機は零式艦上戦闘機、九九式艦上爆撃機、九七式艦上攻撃機の3タイプ。この中で九七式艦攻は雷撃隊と水平爆撃隊で使用されている。ここでは空襲に参加した指揮官機を見てみよう。

文／吉野泰貴

■パールハーバー上空を舞った翼

ハワイ作戦に攻撃隊として参加したのは零戦、九九式艦爆、九七式艦攻の3機種で、第一次攻撃隊では一、二航戦の九七式艦攻が800kg爆弾を懸吊した水平爆撃隊と航空魚雷を抱いた雷撃隊に二分されたほか、五航戦の九九式艦爆は地上攻撃用の250kg陸用爆弾を搭載した。第二次攻撃隊は250kg陸用爆弾2発、あるいは250kg陸用爆弾1発と60kg陸用爆弾6発を搭載した五航戦の九七式艦攻と、対艦用の250kg通常爆弾を搭載した一、二航戦の九九式艦爆で編成されていた。これはまず第一次攻撃隊が戦艦列外側の艦を雷撃で沈め、内側の艦を水平爆撃で沈めつつ、敵飛行場の航空機を急降下爆撃で破壊して制空権を取り、第二次攻撃隊の水平爆撃隊は引き続いて地上施設の破壊を進め、急降下爆撃隊は着底した戦艦群の上部構造物を粉砕するというロジックで選定されたものだった。零戦は直掩が任務だったが、地上銃撃も行った。

すでにいたるところから黒煙を吹き上げている真珠湾上空を飛行する、第2次攻撃隊・水平爆撃隊の九七式艦攻。胴体に白帯を2本付けた瑞鶴所属機だ。

九七式三号艦上攻撃機（九七式艦攻12型）

第一次攻撃隊水平爆撃隊
（第一航空戦隊「赤城」艦攻隊）
松崎三男大尉 - 淵田美津雄中佐 - 水木徳信1飛曹機

中島 B5N2 九七式三号艦上攻撃機
ハセガワ1/48インジェクションプラスチックキット
製作／細田勝久

艦上戦闘機とともに日本海軍の空母搭載機のなかではもっとも古い機種となる艦上攻撃機の開発には長年注力がされてきたが、中島飛行機設立時の悲願ともいえる実用的な国産艦攻として成功したのがこの七式艦攻だ。日本海軍艦上機としては初めて引き込み式主脚を実用化させたエポックメーキングな機体でもあり、当初の型式は光エンジンを搭載した一号（併せて採用された二号艦攻は三菱重工製）で、ハワイ作戦に参加した機体は栄エンジンに換装された三号である。作例の機体は空中総指揮官兼第一次攻撃隊水平爆撃隊指揮官として淵田美津雄中佐が搭乗したもので、目立つように赤く塗装された尾翼が特徴。懸吊する爆弾は九一式八十番徹甲爆弾であった。

零式一号艦上戦闘機二型（零戦21型）

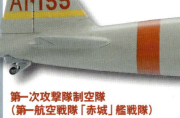

第一次攻撃隊制空隊
（第一航空戦隊「赤城」艦戦隊）
板谷 茂少佐機

三菱 A6M2b 零式艦上戦闘機 21型
ハセガワ+タミヤ1/48インジェクションプラスチックキット
製作／細田勝久

レシプロ軍用機の代名詞として言わずと知れた零戦は一、二、五航戦それぞれの空母に搭載され、ハワイ作戦では第一次、第二次それぞれの攻撃隊に直掩隊として参加、敵機の出現が少なかったこともあり、お家芸ともいえる地上銃撃を行ったほか、艦隊上空の哨戒を実施している。作例の機体は尾翼に3本の長機標識を巻いた空母赤城戦闘機隊飛行隊長・板谷 茂少佐の搭乗機を再現したもの。胴体の赤帯1本は一航戦「赤城」の所属機を表している。なお、1940年9月に中国大陸で衝撃的なデビューを飾った零戦（この時は11型）だが、その時の指揮官であった進藤三郎大尉が、ハワイ作戦時には赤城戦闘機隊分隊長として第二次攻撃隊制空隊に参加している。

九九式艦上爆撃機

第一次攻撃隊急降下爆撃隊
(第五航空戦隊「翔鶴」艦爆隊)
高橋赫一少佐 - 小泉精三中尉機
愛知D3A1 九九式艦上爆撃機11型
ハセガワ1/48インジェクションプラスチックキット
製作／新森勝志

　急降下爆撃は、より命中精度の高い爆撃法の研究が進められていたなか、1932～33年頃にアメリカで実用化されたが、日本海軍でも九四式艦爆を成功させ、九六式艦爆を経て九九式艦爆の登場を見た。作例の機体は第一次攻撃隊急降下爆撃隊の指揮官として五航戦艦爆隊を率いた高橋赫一少佐の搭乗機で、胴体の白帯1本は五航戦2番艦の「翔鶴」搭載機を表している(五航戦の旗艦＆1番艦は「瑞鶴」なので注意!)。高橋少佐機はラバウル攻略時の写真が残されているが、ハワイ作戦当時は作例の状態に加え胴体にオレンジ色のべた塗り塗装を施して目立つようにしていたともいわれている。なお、第二次攻撃隊急降下爆撃隊の江草隆繁少佐機は同様に胴体を赤くべた塗りして指揮官機標識にしたという。

九七式三号艦上攻撃機（九七式艦攻12型）

第一次攻撃隊雷撃隊
(第一航空戦隊「赤城」艦攻隊)
村田重治少佐 - 星野要二飛曹長 - 平山清志1飛曹機
中島 B5N2 九七式三号艦上攻撃機
ハセガワ1/48インジェクションプラスチックキット
製作／藤本義人

　戦前から「雷撃の神様」として艦攻乗りたちの間でとくに知られ、同期生から村田ブツとの愛称で親しまれた村田重治少佐が第一次攻撃隊の雷撃隊指揮官であり、一、二航戦から選抜された艦攻乗りたちを率いた。真珠湾における雷撃で最も重要なのはわずか12mという浅い深度で航空魚雷を投下しつつ馳走させなければならないことだったが、浅深度魚雷を整備して技術的な面を解決させるだけでなく、低高度での発射を実現させたのは村田隊長の指導の賜物といえる。ハワイ作戦当時、「赤城」には艦攻隊に淵田中佐、村田少佐、艦戦隊に板谷少佐と3人の飛行隊長がいたのは異例で、やはり乾坤一擲の大作戦のためだった。尾翼の指揮官機標識は3本とする説、また黄色とする説もある。

九七式三号艦上攻撃機（九七式艦攻12型）

第二次攻撃隊水平爆撃隊
(第五航空戦隊「瑞鶴」艦攻隊)
嶋崎重和少佐 - 松永寿夫飛特少尉 - 遠藤多作2飛曹機
中島 B5N2 九七式三号艦上攻撃機
ハセガワ1/48インジェクションプラスチックキット
製作／清水秀春

　トレードマークのちょび髭でお馴染みの嶋崎重和少佐は第二次攻撃隊の総指揮官も兼ねていた。第二次攻撃隊の九七式艦攻は五航戦のみの水平爆撃隊だが、第一次攻撃隊と異なり、主に飛行場周辺の地上施設を破壊するため250kg陸用爆弾2発を搭載していた(翔鶴の記録では第1、2中隊が250kg陸用爆弾2発、第3中隊のみ250kg陸用爆弾1発と60kg陸用爆弾6発を搭載。ただし瑞鶴隊が同じような内訳であったかは不明)。作例は嶋崎少佐機を再現したもので、胴体の白帯2本は五航戦1番艦(旗艦)「瑞鶴」を所属艦を表し、尾翼の白帯3本は飛行隊長機であることを表す。ただし、先述のように嶋崎少佐は第二次攻撃隊の総指揮官であるので尾翼の帯は黄色であった可能性もある。

07:58 Battleship Rowへの雷撃

'雷撃の神様' 村田重治少佐率いる雷撃隊が殺到

フォード島東岸

「雷撃の神様」と謳われる赤城飛行隊長、村田重治少佐率いる第一次攻撃隊、雷撃隊は「赤城」と「加賀」が各12機、「蒼龍」と「飛龍」が各8機で合計40機からなっていた。雷撃はまず村田少佐直率の赤城1中隊6機から始まり、赤城2中隊が続く。魚雷は戦艦「ウエストヴァージニア」と「オクラホマ」へと次々と命中していった。続いて射点に入った加賀1中隊、加賀2中隊だったが、この時点ですでに戦艦の対空火器は射撃を開始していた。魚雷をかかえて動きの遅い艦攻は対空機銃の射撃を逃れることができず、加賀1中隊の42小隊以降の9機(1中隊42小隊3機+2中隊)は5機が撃墜、3機が複数の命中弾を受けており、無傷で帰投できた機体は1機のみだった。

メリーランド BB46 / Maryland BB46
オクラホマ BB37 / Oklahoma BB37
テネシー BB43 / Tennessee BB43

 飛龍隊
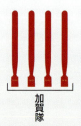 加賀隊
 赤城隊
 飛龍隊
 赤城隊
 加賀隊

フォード島西岸

戦艦が並ぶフォード島東岸に対して西岸には空母が停泊しているケースが多かった。しかし事前の偵察の結果、パールハーバーにはアメリカ空母は在泊しておらず、標的艦「ユタ」などが停泊していることがわかっていた。戦艦から標的艦に改装された「ユタ」は籠マストなどアメリカ戦艦の特徴を残しており、これを攻撃しないことを確認していたが、戦場に誤認はつきものである。フォード島西側から接近した松村平太大尉率いる蒼龍隊、飛龍隊のうち蒼龍隊の6機はこの「ユタ」を雷撃してしまった。残りの九七式艦攻は間違いに気が付きフォード島南側に回りこみ東岸の戦艦などを雷撃に参加した。

■第一次攻撃隊の雷撃隊はワイアナエ山脈上空で村田少佐率いる赤城隊、加賀隊(九七式艦攻24機)と松村平太大尉率いる飛龍隊、蒼龍隊(九七式艦攻16機)に分かれてフォード島を目指した。村田隊はワイアナエ山脈の西側、松村隊は東側に進路を取る。高度150mの低空で接近した2つの部隊は、0725時(日本時間8日0325時)に蒼龍隊が西岸の標的艦「ユタ」に雷撃を開始、直後の0757時にフォード島を南側から回り込んだ村田隊が一列になって戦艦群への雷撃を開始した。西岸に停泊する艦に大物がいないことに気がついた松村大尉も飛龍隊を率いて東岸に回りこみ村田隊に続いてバトルシップ・ロウへの雷撃に参加した。

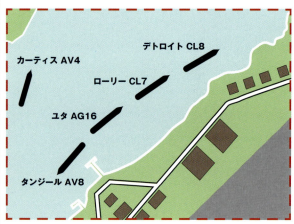

カーティス AV4
デトロイト CL8
ローリー CL7
ユタ AG16
タンジール AV8

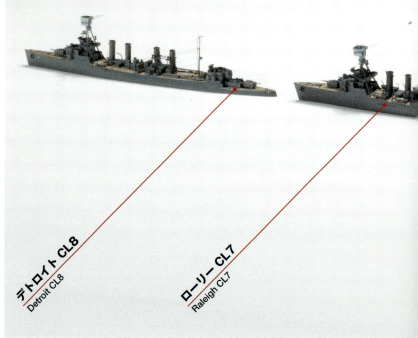

デトロイト CL8 / Detroit CL8
ローリー CL7 / Raleigh CL7

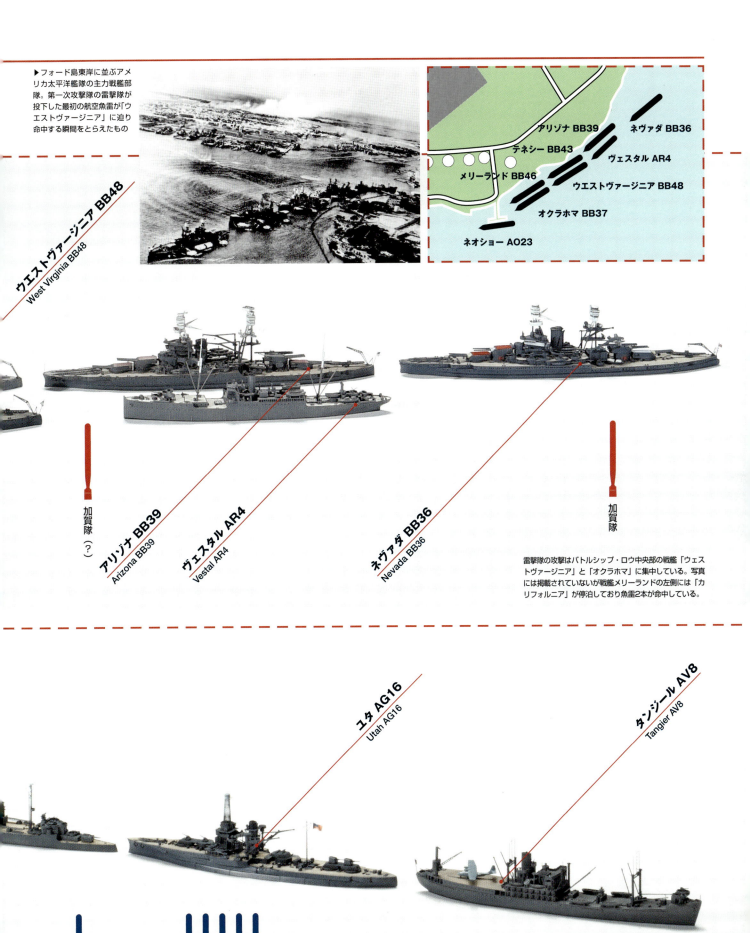

▶フォード島東岸に並ぶアメリカ太平洋艦隊の主力戦艦部隊。第一次攻撃隊の雷撃隊が投下した最初の航空魚雷が「ウエストヴァージニア」に迫り命中する瞬間をとらえたもの

ウエストヴァージニア BB48 / West Virginia BB48

加賀隊（？）

アリゾナ BB39 / Arizona BB39

ヴェスタル AR4 / Vestal AR4

ネヴァダ BB36 / Nevada BB36

加賀隊

雷撃隊の攻撃はバトルシップ・ロウ中央部の戦艦「ウェストヴァージニア」と「オクラホマ」に集中している。写真には掲載されていないが戦艦メリーランドの左側には「カリフォルニア」が停泊しており魚雷2本が命中している。

ユタ AG16 / Utah AG16

タンジール AV8 / Tangier AV8

蒼龍隊

蒼龍隊

フォード島東岸には旧式戦艦を改造した標的艦「ユタ」と軽巡「ローリー」「デトロイト」、水上機母艦「タンジール」が停泊していた。蒼龍隊の魚雷は「ユタ」に5本、「ローリー」に1本命中したと考えられている。

08:05 Battleship Rowへの水平爆撃
淵田美津雄中佐率いる水平爆撃隊によるとどめの一撃

雷撃隊の攻撃成功を上空で確認した淵田美津雄中佐率いる水平爆撃隊は、雷撃に寄るダメージを受けていないバトルシップ・ロウ内側の戦艦に対する爆撃を開始した。水平爆撃隊はオワフ島を南側に回りこみフォード島南側より戦場に入った。これは南雲機動部隊の位置を南側だと誤認させるためと陸上からの目撃報告を可能な限り避けるための進路選択だった。高度3000mで進入した九七式艦攻は5機編隊10個中隊からなり（加賀3中隊のみ4機）合計49機。5機編隊は前3機、後ろ2機の逆三角形の編隊を組み、前中央の嚮導機の爆撃のタイミングにあわせほぼ同時に800kg徹甲爆弾を投下、5発投下された爆弾のうち1発が命中すれば良しとされていた。

爆撃は赤城隊（3個中隊）、加賀隊（3個中隊）、蒼龍隊（2個中隊）、飛龍隊（2個中隊）の順で実施されたが、爆撃進路にうまく入ることができず、やり直した隊もある。爆撃は順番に実施されるため後半の中隊は戦場の煙により目標選択が困難になっていった。日本側の記録でも、蒼龍2中隊、飛龍2中隊の爆撃は爆煙が激しく弾着確認できずとなっている。日本側の記録によれば11～13発命中、アメリカ側の記録によれば7発命中だった。

なお使用された800kg徹甲爆弾は「長門」型戦艦の主砲砲弾を改良して製作したものだが、戦艦1隻を撃沈するために必要な所要命中弾数は5～8発程度と考えられていた。

右の図では11発の命中弾を示しているが、アメリカ側の記録によれば大型爆弾の命中は7発程度だったようだ。内訳は「アリゾナ」4発、「テネシー」2発、「メリーランド」1発だったが、「テネシー」と「メリーランド」の損害は軽微なものにとどまった。「アリゾナ」の轟沈の殊勲は楠美正少佐（飛龍飛行隊長）率いる飛龍1中隊が投下した1発のようだ。第二砲塔脇に命中した800kg爆弾は甲板を貫き主砲弾薬庫に到達、大爆発を引き起こした。

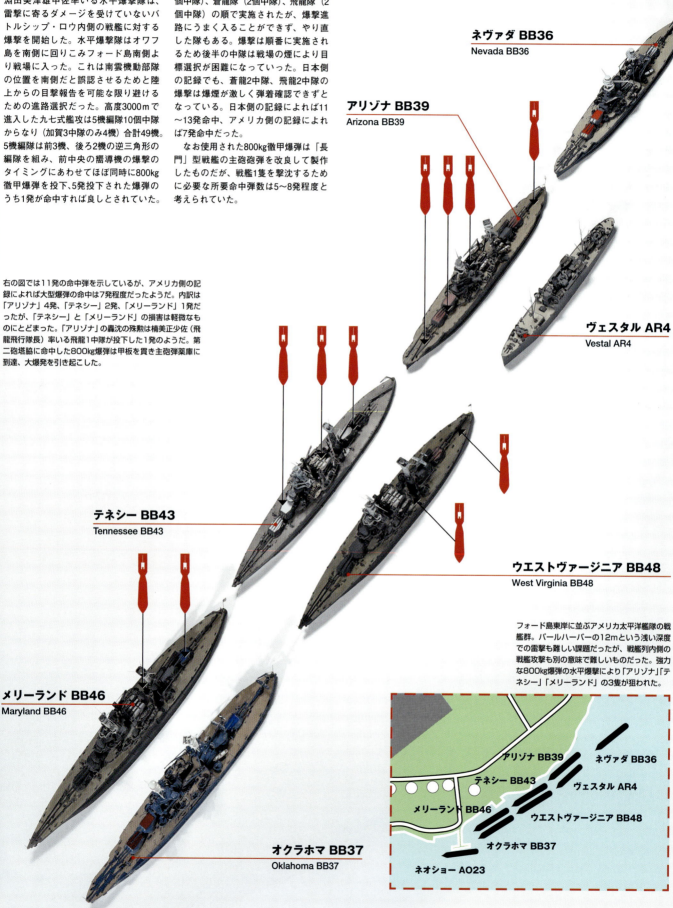

フォード島東岸に並ぶアメリカ太平洋艦隊の戦艦群。パールハーバーの12mという浅い深度での雷撃も難しい課題だったが、戦艦列内側の戦艦攻撃も別の意味で難しいものだった。強力な800kg爆弾の水平爆撃により「アリゾナ」「テネシー」「メリーランド」の3隻が狙われた。

■海鷲の飛翔

板谷機の発艦後、機動部隊の主力たる「赤城」、「加賀」、「蒼龍」、「飛龍」、「翔鶴」、「瑞鶴」の空母6隻は、次々と第一次攻撃隊第一波の各機を発艦させた。

その内訳は、
- 「赤城」：零戦9機、九七式艦攻（雷装）12機、九七式艦攻（爆装）15機の計36機
- 「加賀」：零戦9機、九七式艦攻（雷装）12機、九七式艦攻（爆装）14機の計35機
- 「蒼龍」：零戦8機、九七式艦攻（雷装）8機、九七式艦攻（爆装）10機の計26機
- 「飛龍」：零戦6機、九七式艦攻（雷装）8機、九七式艦攻（爆装）10機の計24機
- 「翔鶴」：零戦5機、九九式艦爆26機の計31機
- 「瑞鶴」：零戦6機、九九式艦爆25機の計31機

で、総計183機。

これだけ多数の機がわずか15分ほどの間にすべて発艦したというのは、当時の空母における艦上機の運用を研究する限り、驚くべき事実である。ちなみに、九州での訓練時の平均的発艦所要時間は約40分だったという。そしてこれほど著しい時間短縮は、ひとえに細心の注意を払った整備員たちの努力と、搭乗員たちのたゆみない訓練の結果といえよう。

なお、発艦時のアクシデントはわずかに2件のみ。1件は「飛龍」の零戦が1機海中に突っ込み、もう1件は「加賀」の九七式艦攻がエンジン・トラブルで発艦できなかったことである。

作戦決行日までの間の空き時間に、例えば、「赤城」の搭乗員たちはオアフ島とフォード島の模型を利用した突入の検証を徹底的に行うと同時に、艦影パネルを使って敵艦が一目で識別できるよう厳しい訓練にいそしんだ。

また、「蒼龍」の名爆撃手と謳われたある下士官搭乗員は常に飛行服を着用し、毎日午前と午後の2回、格納庫甲板に収納されている愛機に乗り込んで、爆撃照準の練習を気が済むまで続けた。当時の爆撃照準器は操作する人間の練度により精度に差が生じるため、反復練習は相応に意味があったのだ。

もちろん、作戦成功に向けての「現場の血の出るような努力」はここに特筆したものだけでなく、作戦当日の「その瞬間」まで、各空母の搭乗員や整備員によって地道に繰り返されていた。

さて、第一次攻撃隊第一波を発艦させると、南雲はすぐに機動部隊の針路を南に転じ、海の荒れ具合にあわせて、艦の揺れを抑えるべく速度を第1戦速に減じた。というのも、各空母とも第2波の各機を格納庫甲板からエレベーターを使って飛行甲板まで上げねばならなかったからだ。この作業では、特に「加賀」が苦労していた。同艦のエレベーターはやや旧式で、他艦に比べて昇降速度が遅かったのである。

各空母の飛行甲板に第二波の出撃機が並べられると、0235時、機動部隊は再び真東に変針して合成風力を得るべく速度を上げた。そして0245時、第二波の発艦が始まった。この第二波の総指揮官は、ちょび髭が似合う「瑞鶴」飛行隊長嶋崎重和少佐が務めていた。6隻の空母から発艦した艦上機の内訳は、
- 「赤城」：零戦9機、九九式艦爆18機の計27機
- 「加賀」：零戦9機、九九式艦爆26機の計35機
- 「蒼龍」：零戦9機、九九式艦爆17機の計26機
- 「飛龍」：零戦8機、九九式艦爆17機の計25機
- 「翔鶴」：九七式艦攻（爆装）27機
- 「瑞鶴」：九七式艦攻（爆装）27機

で、総計167機だった。なお、この第二波では九九式艦爆1機がエンジン・トラブルのため発艦を見合わせただけであった。

第一波の板谷機の発艦から、第二波の最後の1機が発艦を終えるまでにかかった時間は、飛行甲板への第二波の発艦準備も含めて約1時間30分。わずかこれだけの時間で、1回の再発艦準備も含めて総計350機もの大編隊を発艦させたのは驚異的なスピードといえる。

■失われた二つの機会

「赤城」を発艦して約30分が経過した0215時。第一次攻撃隊第一波の前衛に位置した淵田は、総指揮官機に指定された九七式艦攻の偵察員席に着いていたが、南国の日の出のあまりの美しさと荘厳さに思わず息を飲んだ。ピンク、オレンジ、赤が錯綜した陽光の輝きが東の空に煌めく。そしてその憧憬はまた、巨大な旭日旗のようにも見えて、淵田はしばしの感動に浸った。

しかし時はやがて0230時を過ぎようとしたので、淵田はクルシー（ラジオ方向探知機）のスイッチを入れてレシーバーを耳に当てた。すると、KGMBが流す軽快なアメリカン・ミュージックが聞こえた。そこで枠型空中線を少しずつ回して電波の感度がもっとも良好な方位を選ぶと、機位をその電波に乗せた。

「本日のホノルルの天候はやや雲のある晴れ。山間部には雲がかかり雲高は約3500フィート。視界は良好で北の風10ノット」

やがて聞こえてきたこの天気予報を聞いた淵田は、即座に検討のうえ判断した。

ホノルルがやや曇りならばオアフ島上空はさほど雲がないと予想できる。だが、山にかかった雲高が約1000mだと推察した場合、当初の予定通りに島の東側の山脈越しに北東からアプローチするのは難があるかも知れない。さらに北の風向という点を考え合わせると、島の西岸を回り込んで南から北へとアプローチするのがよいのではないか。

実はこの放送は、アメリカ本土からやってくることになっている第38と第88の両偵察飛行中隊のB-17編隊を誘導するためのものだった。当時、KGMBはアメリカ本土から長駆飛来する軍用機が予定されている場合、軍の要請を受けて誘導電波代わりに音楽などを終日流し続けることがあり、まさにこの放送もそれだったのである。

その頃、オパナ・ポイントに設けられた陸軍仮設レーダー・ステーションのSCR-270移動式レーダーが、接近する第一次攻撃隊第一波の像を捉えていた。探知したジョセフ・ロッカードとジョージ・エリオットの両1等兵は、探知方位とその規模の大きさから、最初はレーダーの故障を疑ったほどだった。

それでも0230時過ぎにフォート・シャフターの陸軍防空情報センターへと一報を入れると、当直のカーミット・タイラー中尉が心配ない旨を説明したので放置することとなった。実はタイラーはアメリカ本土からB-17の編隊が飛来することを知っており、レーダー接触はこのB-17だと判断したのだ。だが秘匿上、新規のB-17部隊がハワイに来るのを下級兵に教えるわけにはいかなかったので、心配ないという説明しかできなかったのである。

こうして、パールハーバーへの日本機の大編隊の接近を伝える貴重な情報が失われた。

なお、既述した駆逐艦「ワード」や特設沿岸掃海艇「コンドル」がパールハーバー湾口で吉野繁實中尉艇または廣尾彰少尉艇と考えられている甲標的を相手に大捕物劇を演ずるのは、この直後であった。しかし同事件も現場から上へと報告されはしたものの、日本の全面攻撃の予兆として扱われることはなかった。

■決死の索敵情報

第一次攻撃隊第一波は、まず淵田直率の九七式艦攻水平爆撃隊49機

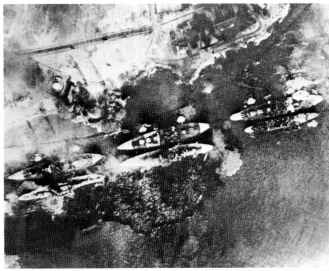
▲戦果判定用に日本側が撮影したバトルシップ・ロウの様子。左手前「オクラホマ」、同後ろ「メリーランド」、中央手前「ウエストヴァージニア」、同後ろ「テネシー」、右手前「ヴェスタル」、同後ろ「アリゾナ」の各艦。

▲土嚢を積んで構築された応急の対空射撃陣地。兵士が構えるのは地上用に緊急転用した航空機用30口径機銃のようだ。パールハーバー海軍航空基地での撮影。

▲カール・バルセルメス中尉が機長を務める第38偵察飛行中隊のB-17E(シリアル41-2408)から、リー・エンブリー軍曹が撮影した2機の九九式艦爆。

が高度3000mで先頭を飛行。その左翼の高度3500mに高橋赫一少佐率いる九九式艦爆51機が2群に分かれて随伴し、右翼の高度2800mには、村田が率いる九七式艦攻雷撃隊40機が4群に分かれて飛んでいた。なお、これら九七式艦攻と九九式艦爆の各群の間隔は200〜500mだった。また、板谷率いる零戦隊43機は、もっとも高い高度3800mを飛行して、第一次攻撃隊第一波全体の上空掩護にあたった。

「現在、パールハーバーには戦艦9隻、重巡洋艦1隻、軽巡洋艦6隻が停泊中なり」

0305時、淵田は「筑摩」の零式3座水上偵察機の報告を傍受した。攻撃直前に索敵機を目標上空に送り込むのは、最新の情報が得られるという大きな利点と、索敵機が見つかってしまった場合は、敵にこちらの意図を悟られてしまうかも知れないという大きな欠点が背中合わせだが、日本側はツイていた。水偵は発見されなかった。

「風向真東、風速40m、パールハーバー上空の雲高約1700m、雲量7の曇り」

0308時、索敵情報に引き続き現地の気象情報を発した「筑摩」機は、アメリカ側に発見される前に急ぎ帰途についた。

そしてこの直後、ラハイナ泊地の索敵に向かった「利根」の水偵からも報告が発信された。

「ラハイナ泊地に敵艦艇の姿なし」

▲九九式艦爆が急降下しながら250kg爆弾を投下した瞬間。パールハーバー攻撃では同機種の未帰還がもっとも多かった。

▲攻撃後の12月10日に撮影された航空写真。ハワイ海軍工廠の第1乾ドック(下)には右に「ペンシルヴァニア」、その左に駆逐艦「カシン」(手前)と「ダウンズ」(奥)が並んで入渠。また、第2乾ドック(中央)には軽巡洋艦「ヘレナ」が入渠している。

前日の潜水艦からの報告と同じ内容だった。これを聞いた南雲は、同機にパールハーバー南方海域の索敵を命じた。彼は、最重要目標であると同時に、機動部隊にとってもっとも危険な存在でもある、アメリカ空母の所在を確認したかったのだ。だが淵田は、この報告を傍受してアメリカ空母が不在であることに失望はしたが、また安心もしていた。なぜなら、強敵といえどもそばにいなければ、こちらも攻撃できない代わりに、こちらが攻撃されることもないからだ。

実はウィリアム・ハルゼー中将が指揮する空母「エンタープライズ」は、予定では同日の0300時にパールハーバーへ帰港することになっていた。ところが荒天で随伴の駆逐艦への給油が遅延し、まだパールハーバーから約400kmほど遠方にいた。そしてこの運命のいたずらが、のちに幸運の空母"ビッグE"として知られるようになる同艦を、日本の空襲から救ったのである。

■「トラ・トラ・トラ」

もうそろそろのはずだが……。
「あっ!」

偵察員席から双眼鏡で舐めるように下方を確認していた淵田が、突然、小さな叫び声を上げた。雲の切れ間に、波が砕けて白く続く海岸線を見つけたのだ。それはカフク岬だった。やがてオアフ島の全景も見えるようになってきた。島を覆う植生の緑が、朝の陽光に美しく映えている。

多めの雲のせいもあって、カフク岬からイニシャル・ポイントまでの時間はあまりなかった。淵田は急ぎ風防を開け放って信号拳銃を突き出すと、火箭信号弾1発を上方に撃ち上げた。予めの打ち合わせでは、奇襲の場合は火箭信号弾1発、強襲の場合は最初の火箭信号弾から2〜3秒の間隔を置いて2発目を撃ち上げることになっていた。

奇襲の場合、戦艦でも容易に撃沈可能ながら重い航空魚雷を抱えているので鈍重となっており、しかも必中を期すため敵に肉迫せざるを得ない雷撃隊が、まだ戦煙がたなびかず照準を邪魔されない最初に突入して雷撃を実施。敵の対空砲火が立ち上がり直後で命中精度と火力が低いうちに離脱する。同時に、戦闘機隊は雷撃隊の上空掩護を行う。そして雷撃終了後に急降下爆撃隊と水平爆撃隊が対空火器、艦艇、地上施設を爆撃し、戦闘機隊は制空と機銃掃射を実施する。

一方、敵に見つかった状態での強襲の場合は、急降下爆撃隊と水平爆撃隊が先に敵の対空火器、艦艇、地上施設を叩き、その後に雷撃隊が戦闘機隊による敵戦闘機警戒の上空掩護を受けながら突入する、という手筈だった。

ところが、ここでアクシデントが起こった。奇襲にもかかわらず菅波政治大尉率いる「蒼龍」戦闘機隊が所期の行動に移らないのを見た淵田は、最初の火箭信号弾を見落としたに違いないと判断。約10秒の間隔を開けて、2発目を撃ち上げた。

するとこれを見た高橋が火箭信号弾2発、すなわち強襲と判断し、自身が率いる九九式艦爆隊を一気にフォード島とヒッカム飛行場方面に向けて突っ込ませたのだ。

「いかん! 高橋、血気に逸りおって」

村田は高橋の誤認をすぐに悟ったが、もうすでに九九式艦爆は急降下の「突っ込み」の態勢に入っている。そこで村田も雷撃隊をできるだけ急いで突入させた。だが、九九式艦爆の急降下爆撃のダイブ速度に、九七式艦攻の雷撃ポジションへの移動速度が追いつくはずもない。かくて太平洋戦争の日本側の第1弾は、九九式艦爆から放たれた25番(250kg爆弾)となった。

しかし艦爆と艦攻のこの先陣争いは、結果として吉と出た。最初から不意打ちだったためアメリカ側はなんの準備もできていなかったうえ、高空からの急降下爆撃による対空火器制圧と、低空からの雷撃が同時に行われたので、急ぎ開始された対空砲火が分散され、不利な雷撃隊のリスクが相当軽減されることになったのだ。

総指揮官機から戦場の状況を把握していた淵田は0319時、電信員に対し、全機に突撃を命ずる「ト・ト・ト……」というト連送の発信を命じた。そして九七式艦攻や九九式艦爆がパールハーバーの艦艇とその周辺の飛行場や地上施設へと殺到するのを確認し、奇襲が成功したと確信できた0322時、奇襲成功を告げる有名な無電略号のトラ信、「トラ・トラ・トラ」を再び電信員に発信させた。このトラ信が、約3500マイルも離れた瀬戸内海柱島泊地に停泊中の連合艦隊旗艦、山本が座乗する戦艦「長門」で直接傍受できたのは、あまりに有名な逸話である。

パールハーバー上空の淵田は、バトルシップ・ロウに投錨している戦艦を数えた。全部で7隻。「筑摩」機の報告よりも2隻少ない。だがこれは、彼が「ユタ」をちゃんと標的艦として識別し、その代わりにハワイ海軍工廠第1乾ドックに入渠中の「ペンシルヴァニア」を見落としたからだった。一方、「筑摩」機は「ペンシルヴァニア」に加えて、標的艦「ユタ」も戦艦と見なしたため、「戦艦9隻」という報告となったのである。

(46ページに続く)

第二次攻撃隊によるアプローチ
1941年12月8日4時10分～4時35分

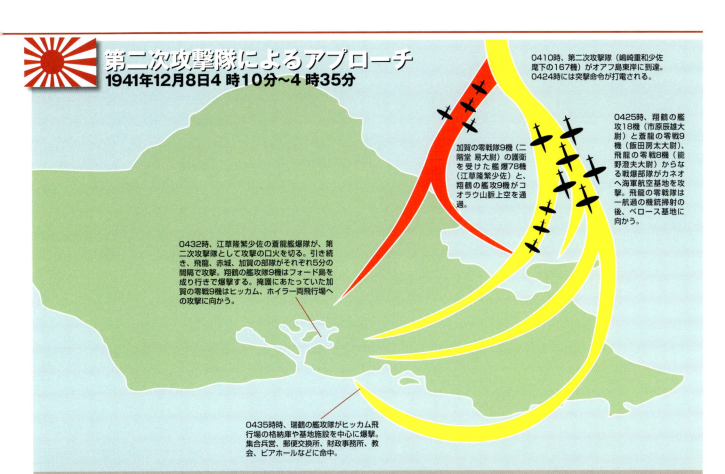

0410時、第二次攻撃隊（嶋崎重和少佐麾下の167機）がオアフ島東岸に到達。0424時には突撃命令が打電される。

0425時、翔鶴の艦攻18機（市原辰雄大尉）と蒼龍の零戦9機（飯田房太大尉）、飛龍の零戦8機（能野澄夫大尉）からなる戦爆部隊がカネオヘ海軍航空基地を攻撃。飛龍の零戦隊は一航過の機銃掃射の後、ベロース基地に向かう。

加賀の零戦隊9機（二階堂 易大尉）の護衛を受けた艦爆78機（江草隆繁少佐）と、翔鶴の艦攻9機がコオラウ山脈上空を通過。

0432時、江草隆繁少佐の蒼龍艦爆隊が、第二次攻撃隊として攻撃の口火を切る。引き続き、飛龍、赤城、加賀の部隊がそれぞれ5分の間隔で攻撃。翔鶴の艦攻隊9機はフォード島を成り行きで爆撃する。掩護にあたっていた加賀の零戦9機はヒッカム、ホイラー両飛行場への攻撃に向かう。

0435時、瑞鶴の艦攻隊がヒッカム飛行場の格納庫や基地施設を中心に爆撃。集合兵営、郵便交換所、財政事務所、教会、ビアホールなどに命中。

第一次攻撃隊の攻撃によりオアフ島全域が立ちのぼる爆煙に覆われた頃、すでに嶋崎重和少佐指揮する第二次攻撃隊167機がオアフ島北東海面に到達していた。

0424時（現地時間7日0854）に「ト」連奏。カハナ東方洋上で江草隆繁少佐率いる第2集団の艦爆隊78機（赤城・加賀・蒼龍・飛龍各艦爆隊）と翔鶴艦攻隊9機、並びに二階堂易大尉指揮する加賀零戦9機は分離して南へ針路を取り、コオラウ山脈を越えて真珠湾へ向かう。カネオヘ湾沖合で主隊から分離した市原辰雄大尉指揮の翔鶴艦攻隊18機と飯田大尉率いる蒼龍零戦9機、並びに能野澄夫大尉指揮の飛龍零戦8機は0425時、カネオヘ海軍航空基地の攻撃を開始。一撃後、飛龍零戦隊はベローズ基地に向かい、0430に攻撃開始。

0432時、江草少佐率いる艦爆隊が攻撃を開始。艦船攻撃を主任務とする彼らは上空を覆っていた黒煙により目標の選別もままならない状況であったが、態勢を整えた地上からの対空機銃の火網を目安に降爆に移った。すでに爆撃などのめぼしい目標は第一次攻撃隊によって大打撃を被った様子が見て取れたが、そのうちドックに入渠しているほぼ無傷の戦艦（『ペンシルヴァニア』）を発見、これを損傷させている。直掩の加賀零戦隊はヒッカム、ホイラー両飛行場の攻撃に向かった。

各隊を分離、突撃させたのちカイルア湾で南へ変針し、ダイヤモンドヘッドを経て東側から真珠湾へ向かった嶋崎重和少佐直率の瑞鶴艦攻隊27機、進藤三郎大尉率いる直掩の赤城零戦9機は0435時にヒッカム飛行場への攻撃を開始。ここで在地の航空機を撃砕した。なお、第二次攻撃隊の攻撃が始まったのちも淵田中佐の九七式艦攻は戦場に留まっており、こうした攻撃の模様や艦船、各飛行場への攻撃効果を充分に確認したのち帰投針路についている。

09:06 第2次攻撃隊、艦爆隊による残敵掃討
江草降繁少佐率いる艦爆隊が対空砲火をかいくぐって残敵に襲いかかる

瑞鶴飛行隊長、嶋崎重和少佐率いる第二次攻撃隊167機は飛行場攻撃の水平爆撃隊（250kg陸用爆弾2発を装備した九七式艦攻54機）と艦船攻撃担当の急降下爆撃隊（250kg通常爆弾1発、60kg爆弾2発を搭載した九九式艦爆54機）に分かれて戦闘に突入した。このうち艦爆隊を率いたのが"艦爆の神様"と謳われた蒼龍飛行隊長の江草隆繁少佐。すでにアメリカ側も日本側の空襲から立ち直りつつあり激しい対空砲火と吹き上げる黒煙の中、第一次攻撃隊が撃ち漏らした艦船を狙い撃った。

ドック入りしていた戦艦「ペンシルヴァニア」は第一次攻撃隊では見逃されたが、この第二次攻撃隊には無傷であることが確認され爆弾1発が命中している。また同じドックに入っていた駆逐艦「カッシン」と「ダウンズ」も巻き添えを食う形で爆撃され大規模な火災が発生した。

またこの時、バトルシップ・ロウにいた戦艦の中で損傷が比較的軽微だった「ネヴァダ」は湾内を脱出するため移動を開始していたが、これが加賀艦爆の目を引いた。牧野三郎大尉率いる23機の九九式艦爆は10-10埠頭沖を航行中の「ネヴァダ」に向けて次々と投弾、命中弾を与えていった。水道を塞ぐ位置で沈没してしまうことを恐れた「ネヴァダ」は脱出を諦め、進路を代えてホスピタル岬沖に座礁させた。

◀この日、唯一バトルシップ・ロウから離れていた戦艦「ペンシルヴァニア」は乾ドックに入渠中だった。第一次攻撃隊は見逃したが、第二次攻撃隊は「ペンシルヴァニア」に気づき爆撃を浴びせている。

第二次攻撃隊（1AF 第3編制）

第一次攻撃隊に続いて0245時（ハワイ時間7日7時15分）に発艦した第二次攻撃隊。瑞鶴飛行隊長嶋崎一茂少佐率いる167機で第1集団九七式艦攻（水平爆撃隊）54機、第2集団九九式艦爆（降爆隊）78機、第3集団零式艦戦（制空隊）35機からなる。

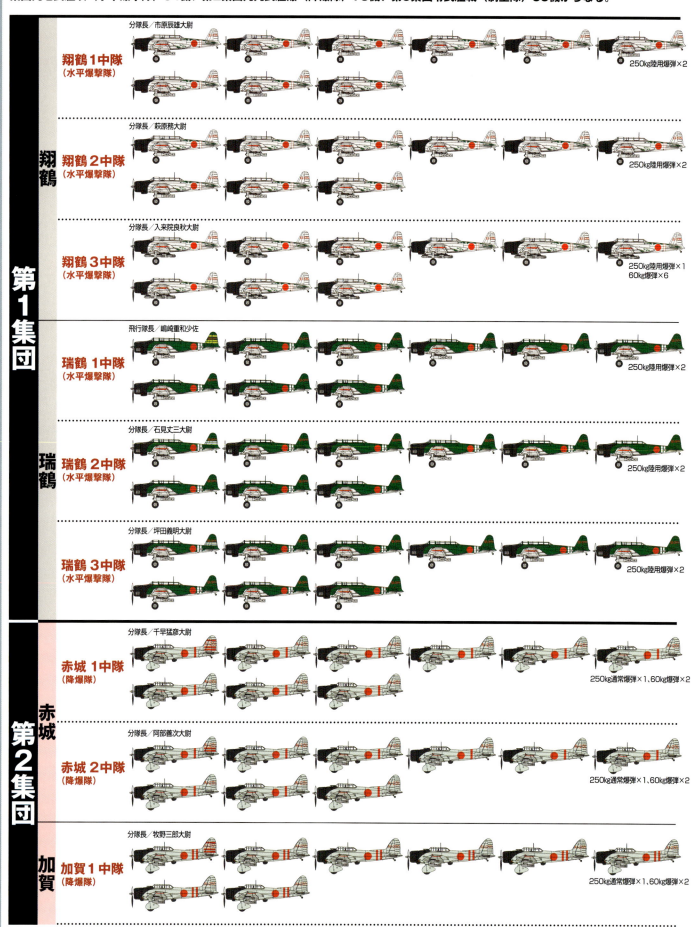

▲激しく炎上するパールハーバー海軍航空基地のハンガー。その前方には焼け残ったコンソリデーテッドPBYカタリナ飛行艇の主翼だけが見える。

■猛威を振るう第一波

九一式航空魚雷改二型は、村田率いる第一次攻撃隊第一波の九七式艦攻雷撃隊40機のみが搭載していた。この貴重な魚雷はフォード島東岸にずらりと並んだバトルシップ・ロウの各艦に向けて0320時から重点的に投射されたが、「蒼龍」隊は同島西岸の「ユタ」を現役の戦艦と誤認し、投射してしまった。

日本側は九一式航空魚雷改二型の命中を36本と記録しており、鹿児島湾での厳しい訓練の成果が実った、きわめて高い命中率といえる。

だが一方で、アメリカ側の対空砲火が立ち上がったばかりにもかかわらず、雷撃隊40機中「加賀」隊機5機が未帰還という、雷撃隊だけで見れば実に12.5%もの損害を出してしまった。ちなみに、もっとも早く対空射撃を開始したのは50口径ブローニング機銃であり、その有効射程は短い。ゆえにこの損害率と命中率を比較検討すると、それだけ敵艦に肉薄して魚雷を投射したということでもある。

0335時、淵田が直卒する第一次攻撃隊第一波の九七式艦攻水平爆撃隊49機が、バトルシップ・ロウへの爆撃を開始した。水平爆撃隊は、2列に投錨している戦艦群のうち、雷撃では狙いにくいフォード島側（西側）の内側列を重点的に狙う手筈になっていた。

各機が九九式800kg五号徹甲爆弾を搭載した九七式艦攻5機で1個中隊を編成。縦長に停泊している戦艦群に対し、縦方向に爆撃アプローチをかけなければならなかったため、1個中隊ずつ順次爆撃進入が行われた。実はこの爆撃進入で総指揮官機編隊（「赤城」第一中隊）は雲などの影響で投弾のタイミングを外し、最初の爆撃進入での投弾を断念して爆撃進入を反復。2度目のそれで投弾している。

爆撃高度は、800kg徹甲爆弾がアメリカ戦艦の装甲を貫徹するだけの落下速度を得られる高度3000m。各中隊は中央に優秀爆撃手が搭乗した嚮導機を配し、その両翼と後方に2機ずつがつけた。そして嚮導機の爆弾投下とできるだけタイミングを合わせて、残り4機も投弾するという方法を採用した。

日本側はこの爆撃で49発中11～13発が命中したと判定したが、第二波の急降下爆撃による損害との混同もあって、正確な数字は確定されていない。

同じ九九式艦攻で編成されていたにもかかわらず、雷撃隊の大損害に比べて水平爆撃隊は1機も失うことなく全機が帰還した。ただし淵田が乗る総指揮官機だけは戦果を確認する必要上、帰還が遅くなった。

なお、第一波の水平爆撃隊に犠牲が生じなかった理由はきわめて単純だ。雷撃隊に苦汁を舐めさせた50口径ブローニング機銃は近接防空火器なので爆撃高度の3000mまでは届かず、さりとて1.1インチ機銃や3インチ高角砲はそうたやすく射撃準備ができるわけではなく、おそらく水平爆撃が実施された時点では、まだ本格的な対空射撃ができる状況ではなかっただろうからだ。

一方、真っ先に突っ込んだ九九式艦爆隊は、その一部がまず0315時にパールハーバー（フォード島）海軍航空基地を襲い、250kg爆弾を投下した。これは第一次攻撃隊第一波中、もっとも早い投弾であった。また同時刻、戦闘機隊がカネオヘ海軍航空基地に機銃掃射を加えている。そして0321時、ホイーラー飛行場に一部の戦闘機と九九式艦爆による攻撃が加えられた。

さらに0323時、ホイーラー飛行場を機銃掃射した戦闘機隊がエワ海兵隊航空基地にも機銃掃射を実施。このとき、「エンタープライズ」から先に帰還してきたダグラスSBDドーントレスの編隊と鉢合わせになり、4機が撃墜されている。またエワは、その後も第一次攻撃隊第一波の帰還途中の別の戦闘機隊にも機銃掃射をされた。

そして0325時になると、ヒッカム飛行場にも急降下爆撃が加えられた。

■ "Air Raid Pearl Harbor. No Drill."

同じ時刻、ホノルル海軍航空基地作戦士官ローガン・ラムゼー中佐は、パールハーバー海軍航空基地内のオフィスから、海兵隊儀仗兵が軍艦旗を掲揚するのを見ようと外に目を向けた。と、すさまじい轟音とともに1機の単発機が急降下してきた。飛行安全規則を完全に無視したその飛び方に怒り心頭となった彼は、傍らの副官に当該機の機体番号を控えるように命じた。

「でも中佐。いまあいつ、引き起こしに入ったところでなにか黒い物を落としましたよ」

と副官が言い終わらないうちに、格納庫区画で大爆発が起こった。

「ちくしょう、機体番号なんぞどうでもいい！　あれは日本機だ！」

そう叫んだラムゼーは無線室に飛び込むと、歴史に残る一文を平文で打電させた。

"Air Raid Pearl Harbor. No Drill.（パールハーバー空襲中、これは演習ではない）"

ラムゼーのこの発信のほうが、太平洋艦隊司令長官キンメルの司令部からの、パールハーバーが攻撃を受けている旨を告げる発信よりも早かった。つまり彼の電文が、アメリカが日本との戦争に突入したことを伝える第一報となったのである。

この出来事でアメリカ海軍内部では一躍有名人となったラムゼーだが、本来は飛行艇の専門家であった。そしてのちのミッドウェー海戦では、部下にPBYカタリナ飛行艇を使った初めてのレーダー夜間雷撃を成功させることになる。

第一次攻撃隊第一波の攻撃がほとんど終了した0424時、嶋崎率いる第一次攻撃隊第二波がパールハーバー上空に到達した。だが、完全な奇襲となった第一波とは異なり、大打撃を与えているとはいってもパールハーバーの全アメリカ軍が戦闘態勢にあるなかに、第二波は飛び込むはめになった。

パールハーバー地区で第二波が主な攻撃目標としたのは、損害が軽微と思われた戦艦、パールハーバー海軍航空基地、ハワイ海軍工廠（乾ドック）などであった。ちなみにオイルタンク群が攻撃対象から外されていたのは、油火災の濃密な黒煙がたなびくと、雷撃や爆撃の照準ばかりでなく、飛行中の僚機の確認や敵機の識別までもが困難になるおそれがあると判断されたためだともいう。

戦艦では「メリーランド」、「ウエストヴァージニア」、「ネヴァダ」などが狙われ、ハワイ海軍工廠のフローティング・ドックや油槽艦「ネオショー」も襲われた。第一波で機銃掃射を受けたベローズ飛行場とカネオヘ海軍航空基地も第二波の攻撃に晒され、前者は再び機銃掃射で済んだが、後者は九七式艦攻による水平爆撃を受けた。

すさまじい混乱と爆発、戦煙がもうもうと立ちこめるなか、かなりの

▲バトルシップ・ロウを離れて航行中の「ネヴァダ」。後方右手に海軍工廠のクレーンが見える。フォード島からの撮影。

日本機の空襲に立ち向かったアメリカ軍の戦闘機

日本側の第一次攻撃隊第一波の襲来は、完全な奇襲となったため、アメリカ側は迎撃の戦闘機を発進させる余裕がなかった。しかし第二波が襲来する頃になると、第一波の攻撃で損害を被った飛行場から、少数ながらもカーチスP-36ホーク、同P-40ウォーホークの両戦闘機を発進させることができた。特に有名なのはP-40装備の第47戦闘中隊所属のジョージ・ウェルチ、ケニース・テーラー両中尉の活躍である。二人はハレイワ飛行場を発進して日本機計7機(機数には諸説あり)を撃墜。この戦功により殊勲十字章を授与されている。

カーチス P-40B ウォーホーク

P-40Bは同シリーズ初の実戦型機体である。機首の50口径機銃2挺はA型同様ながら、A型では両主翼で計2挺だった30口径機銃が2挺増備されて計4挺となっている。また、主翼下には両翼で20ポンド小型爆弾計6発の懸吊が可能だった。キャノピー正面は防弾ガラス仕様となり、コックピットの前後には装甲板が配されている。本格的な防弾化に合わせて、燃料タンクもセルフ・シーリング式となった。1941年12月8日のパールハーバー攻撃の時点では、第15、第18両追撃航空群合わせて75機のB型と12機のC型を装備していたといわれる。P-40シリーズのB、C型の性能では、有利な上空からのダイブをともなう一撃離脱以外、零戦に勝てる手段がなかったという。

カーチス P-40B
ホビークラフトカナダ1/48
インジェクションプラスチックキット
製作/藤本義人

▲ホイーラー飛行場の4番ハンガー付近で焼損したP-40。

損害を被っているはずの「ネヴァダ」がゆっくりと動き出した。この惨劇が始まったときに艦に残っていた最先任士官のフランシス・トーマス少佐が、このままバトルシップ・ロウに投錨していては他艦の巻き添えを食うと判断し、まだ動ける「ネヴァダ」を救うべく、外海に出ようと試みていたのだ。

そしてその姿は、「地獄の釜」に放り込まれたような気分になっていたパールハーバーの多くの将兵を勇気づけた。だが一方で、湾内を漂っている将兵をひいてしまい、その命を奪うことにもなり、最終的に「満身創痍のネヴァダの騎行」はワイピオ岬に擱座して終わりを遂げた。

すでに第一波の攻撃のショックから態勢を立て直しつつあったアメリカ側は、第二波の攻撃に対して、かなりの対空砲火を加えた。また、各飛行場は相応の損害を被っていたが、それでも迎撃のためにカーチスP-36ホークやカーチスP-40ウォーホークを出撃させた。そしてこの迎撃戦闘により、何機かの日本機が撃墜されている。

なお甲標的の作戦行動については、長らく特記すべき戦果をあげていないとされてきたが、近年のアメリカの研究では「ウエストヴァージニア」と「オクラホマ」を雷撃し、なんらかの損害を与えた可能性が示唆されている。

完全な奇襲となった第一波に比べて、まさに「飛んで火に入る」強襲となった第二波は、やはり損害が大きかった。以下に第一波と第二波の未帰還機を記しておく。

【第一波】
● 「赤城」:零戦1機
● 「加賀」:九七式艦攻(雷装)5機、零戦2機
● 「翔鶴」:九九式艦爆1機
■第一波合計9機未帰還

【第二波】
● 「赤城」:九九式艦爆4機
● 「加賀」:九九式艦爆6機、零戦2機
● 「蒼龍」:九九式艦爆2機、零戦3機
● 「飛龍」:九九式艦爆2機、零戦1機
■第二波合計20機未帰還
■全合計29機、搭乗員54名未帰還

この数字でわかるのは、まず、既述のごとく敵に肉薄する雷撃隊の九七式艦攻が大きな犠牲を出している一方で、同じ九七式艦攻でも、一定以上の高度を飛ぶ水平爆撃隊は1機の未帰還機も出していない点だ。次に、雷撃のように水平ではないが急角度で上方から敵に肉迫する九九式艦爆、それも、アメリカ側が防空態勢を整えているなかに飛び込んだ第二波で未帰還機が多く生じている。実は九九式艦爆は防御が脆弱なことで知られるが、雷撃隊の九七式艦攻と同じく敵に肉迫するため、近接防空火器の50口径ブローニング機銃の犠牲になった可能性が高いのではないだろうか。

これら海鷲の犠牲に加えて、深海の戦士たちもまた尊い犠牲を払った。それは下記のごとくである。
■「甲標的」5隻未帰還、全乗員10名中9名未帰還、1名捕虜

▼カネオヘ海軍航空基地のハンガー前で激しく炎上するコンソリデーテッドPBYカタリナ飛行艇。ここまで燃えてしまっては機を救うという点での意味はないが、ほかへの延焼防止のため将兵が消火活動にあたっている。

▼ヒッカム飛行場5番ハンガー近くで日本機の機銃掃射を受けて全損したレイモンド・スェンソン大尉のB-17C(シリアル40-2074)。カリフォルニアから飛来したばかりだった。

各艦艇の損害記録

アメリカ太平洋艦隊在泊艦艇

このページからは日本軍のパールハーバー奇襲に際してアメリカ太平洋艦隊が被った損害の程度を検証してみよう。日本海軍の空襲はほぼ当初の狙い通りの戦果をあげたことがわかるだろう。

文／岩重多四郎

ネヴァダ BB36
Nevada BB36

第一次攻撃隊により被雷するも出航
第二次攻撃隊の降爆隊により
命中弾5発を受け擱座

第一次攻撃開始からしばらくたった0806時、「加賀」機の魚雷1本が命中。左舷前部、装甲帯の下で、38〜44番フレームの外板に破口を生じ、4〜5度程度傾斜。注水で傾斜は復元したが、艦首が沈下した。自力航行で脱出を図り、当日戦艦で唯一動き出したが、このため第二次攻撃で「加賀」急降下爆撃隊の大半が本艦を目標とした。投弾したのは23機にのぼり、命中8、不確実13、不明2を報告している。（↗）

アメリカ海軍戦艦 ネヴァダ BB36
United States Navy Battleship Nevada BB36
ミッドシップモデル1/700レジンキャストキット
製作／烈風三速

全長177.8m　排水量2万9000トン　速力20.5ノット
主砲35.6cm連装×2、三連装×2計10門

建造所フォアリヴァー造船　1916年3月11日就役　真珠湾の損傷修理と大改装をあわせ1942年10月終了、アッツ島攻略作戦参加後大西洋へ回航、1944年6月ノルマンディー上陸作戦、8月南フランス上陸作戦に参加。再び太平洋に移動し硫黄島、沖縄上陸作戦に参加。3月27日特攻機1機命中、4月5日陸上砲台の攻撃で損傷。戦後ビキニ原爆実験に使用、1948年7月31日実艦的処分。

▲1本煙突、4主砲塔のシンプルなスタイル。側面形状は「ペンシルヴァニア」級と酷似するが、俯瞰すると三連装の1・4番砲塔と連装の2・3番砲塔の組み合わせですぐわかる。前後マストとも三脚式に改装済。なお、作例にはないが、真珠湾攻撃当時「ネヴァダ」は米海軍迷彩様式のメジャー5である欺瞞波模様が艦首に描かれていた。

▲「ネヴァダ」の係留位置は戦艦列の最後尾、北東端のF-8バースだった。船の舵は停止状態では効果がなく、バウスラスターのような補助装備がない当時、自力で数珠つなぎの係留地から抜け出すのは本来不可能だが、同艦はいったんバックすることで前の艦列をかわして脱出できたのだった。

◀第二次攻撃の中、炎上しつつ港口へ向かう「ネヴァダ」。フォード東南東の水上機基地から撮影されたもので、写真左に小型水上機母艦「アヴォセット」のデリックが見える。煙突後方の白煙は缶室の蒸気だろう。

（↘）諸説あるようだが被害報告書では命中5発、至近弾2発としており、艦首側からそれぞれ、7番フレームで甲板5層を貫通し艦底付近で炸裂、16番フレーム右舷を貫通し水中で炸裂、26番フレーム第2甲板で炸裂、前檣楼下部で炸裂、煙突後方に命中炸裂。日本側が機雷を投下したとの誤報から港外脱出を許可されず、そのまま1030時、南部の海軍病院付近に任意擱座した。戦死・行方不明53名（60名ともいう）。翌年2月12日浮揚し、ピュージェットサウンド工廠で修理と合わせ上部構造物の大半を更新する大改装を実施。

◀上の写真からやや後の状況。手前の艦が「アヴォセット」で、海上には浚渫工事のラインも見える。かなり強い風が吹いていることがわかる。

アリゾナ BB39
Arizona BB39

直撃弾と至近弾多数が命中し大破着底。廃艦処分

アメリカ海軍戦艦 アリゾナ BB39
United States Navy Battleship Arizona BB39
ピットロード1/700レジンキャストキット
製作/林 幹人

全長185.3m　排水量3万3100トン　速力21ノット
主砲35.6cm三連装×4計12門

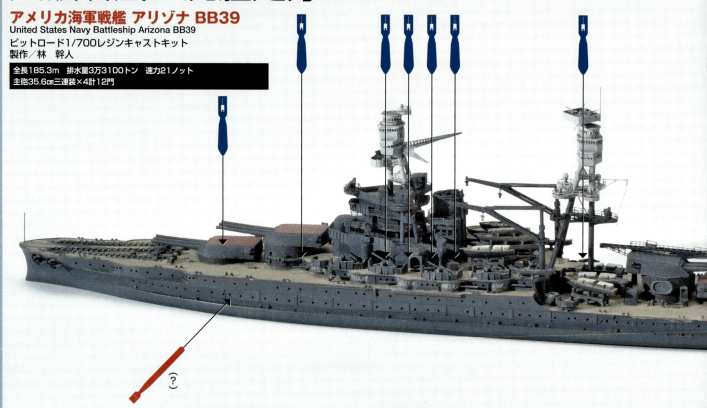

「加賀」「飛龍」水平爆撃隊が本艦を目標に投弾し、各2発命中と報告。4番砲塔直後、後部マスト付近の左舷外側、左舷高角砲群、2番砲塔付近の4個所が指摘されている。命中弾数を8発や2発とする説もあるが、最終的な損傷程度が大きく早い段階で放棄が決まったためか、詳細な被害調書はないという。0806時前部に命中した1発で前部弾薬庫が大規模な誘爆を起こし、艦首錨口付近から艦橋構造物までの船体上部が吹き飛んで2基の主砲塔と周辺甲板が陥没。前部マストは艦首側に大きく傾斜した。乗組員の8割近い1177名が戦死し、火災は2日間続いて激しく焼損。修復の見込みなしとして放棄、現場で一部を残し解体された。現在残った船骸の上に記念館「アリゾナ・メモリアル」があるのは周知のとおり。

◀激しく炎上する「アリゾナ」。本艦から左へ順に「テネシー」と「ウエストヴァージニア」で、隣にいた「ヴェスタル」はすでに画面右側へ離脱している。この時点で風は北東から吹いているようだ。

▲全体のレイアウトは「ネヴァダ」級と酷似するが、全長は一回り大きい。船体前後の副砲ケースメイトは痕跡だけで、砲は撤去済。船体のダークグレイとマスト上部の白は、両者セットでメジャー1と称する米海軍標準迷彩様式のひとつ。

◀「アリゾナ」の係留位置は内列3番目で、外側には工作艦「ヴェスタル」がいた。これらに対して雷撃は実施されなかったが、全長の短い「ヴェスタル」で覆われていない艦首付近に落ちた至近弾の水柱が魚雷命中と誤認されたと言われる。

煙の中で倒壊する「アリゾナ」の前部マストを撮影したもので、パールハーバーの惨劇を象徴する一葉としてメディアでもよく取り上げられる。左下に2番主砲塔が見えているが、これも爆発で船体が陥没して本来の位置より低くなっている。マストトップは本来白塗装だが、焼け焦げて真っ黒になっている。

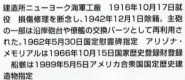

建造所ニューヨーク海軍工廠　1916年10月17日就役　損傷修理を断念し、1942年12月1日除籍。主砲の一部は沿岸砲台や僚艦の交換パーツとして再利用された。1962年5月30日国定慰霊碑指定　アリゾナ・メモリアルは1966年10月15日国家歴史登録財登録　船骸は1989年5月5日アメリカ合衆国国定歴史建造物指定

ウエストヴァージニア BB48
West Virginia BB48

ビッグセブンの一角
7本の魚雷が立て続けに命中し大破着底

第一次攻撃開始直後から次々と魚雷が命中。「赤城」「加賀」「飛龍」機が計9本命中を報告しているが、米側はフレーム46番、68番、70番、80番、94番（報告書ではここに2本重複）、舵機の6～7本としている。あわせて水平爆撃隊の800kg爆弾2発も命中したが、いずれも不発だった。しかし前檣楼付近に命中した1発で高角砲の装薬に引火し、火災が発生。雷撃の影響で漏れ出した重油に延焼し被害を大きくした。もう1発は3番砲塔の天蓋を貫通している。日本側は「赤城」「加賀」「蒼龍」機が各1発命中を報告。第二次攻撃でも「飛龍」機が1発命中としているが、これに該当する米側記録はない。被雷による浸水、応急注水、弾薬庫への注水の結果、艦は転覆や誘爆は免れたものの、その場で擱座。戦死・行方不明157名（戦死106名とする説あり）。船体は翌年5月17日浮揚され、6月9日第1乾ドックへ移動、暫定修理後43年5月ブレマートンへ回航し、当地のピュージェットサウンド海軍工廠で大改装に入る。

▲炎上中の「ウエストヴァージニア」。艦はすでに擱座した状態。黒煙を発している前檣楼左舷側の高角砲座に命中した800kg爆弾が火災の原因となったが、爆弾自体は不発で、浮揚後の調査で艦底付近に見つかっている。後方は「テネシー」。

▶「ウエストヴァージニア」の係留位置はF-6バース、戦艦列2番目外側で、目標にされやすかったためか攻撃が集中しており、日本側は雷撃、水平爆撃、急降下爆撃とも命中弾ありと判定した。

▼「コロラド」級戦艦は基本的に「テネシー」級の主砲塔を取り換えただけの設計で、上写真でもわかる通りそれ以外の外見は酷似している。本艦は真珠湾攻撃時CXAM-1レーダーを搭載していた。

アメリカ海軍戦艦
ウエストヴァージニア BB48
United States Navy Battleship
West Virginia BB48

ピットロード1/700
インジェクションプラスチックキット
製作／林　幹人

全長190.2m　排水量3万1500トン　速力21ノット
主砲40.6㎝連装×4計8門

建造所ニューポートニューズ造船　1923年12月1日就役
損傷修理と近代化の工事規模が大きく、完了は1944年7月となる。復帰後の初戦がスリガオ海峡夜戦。以後フィリピン、硫黄島、沖縄作戦に従事。4月1日特攻機命中するも損傷軽微。1959年3月1日除籍　同年売却

◀左写真に続く消火活動の状況。放水しているのは塵芥運搬ライター「YG-17」で、他にも小艇が取りついている。前部煙突はこちら向きのクレーンの背後。

▶浮揚作業中の1942年3月16日撮影。斜めに並んで伸びている棒は、被雷位置の外舷に装着する当て板を吊り下げるもので、写真は43〜52番フレームの破口に対応する。重油火災のため周辺の艦上はかなり荒廃しており、高角砲座は完全に垂れ下がっている。

テネシー BB43
Tennessee BB43

800kg爆弾2発が命中
ただし1発は不発弾で損害は軽微

アメリカ海軍戦艦 テネシー BB43
United States Navy Battleship Tennessee BB43
ピットロード1/700レジンキャストキット
製作／鈴木幹昌

全長190.4m　排水量3万2000トン　速力21ノット
主砲35.6cm三連装×4計12門

建造所ニューヨーク海軍工廠。1920年1月3日就役。真珠湾の損傷は軽微で直ちに修復。1942年9月から43年5月までピュージェットサウンド海軍工廠で近代化、キスカ島攻略に参加後南方へ移動、ギルバート・マーシャル、マリアナ、フィリピン、硫黄島、沖縄と転戦。45年4月12日特攻機により損傷。1959年3月1日除籍　同年売却

雷撃は受けず、命中したのは「赤城」「加賀」「蒼龍」水平爆撃隊が「ウエストヴァージニア」とあわせて投下した800kg爆弾のみ。各隊1発命中を報じているが、実際は計2発で、3番砲塔に命中したものは天蓋を貫通したが不発だった。あと1弾は2番砲塔中央砲の基部付近に命中炸裂、砲身に穴をあけたほか、断片で左右砲も使用不能となり、さらに隣の「ウエストヴァージニア」艦橋にいた同艦艦長が戦死している。本艦の戦死者は5名。この他「アリゾナ」の重油火災の延焼で船体外面にかなりの被害を受けたが、全体の被害程度は小さく、ピュージェットサウンド工廠で1942年2月に工事を終えている。

◀「ウエストヴァージニア」（手前）と「テネシー」（後方）。特徴的な籠状マストは米海軍が日露戦争後に導入したもので、他にほとんど例がなく米戦艦の代名詞として広く知られていた。被弾に強いとされていたがトップの振動が問題となり、近代化改装で撤去される予定だった。「ウエストヴァージニア」の4番主砲塔の手前には、3番砲塔上の射出機から転落した搭載機が裏返しで乗っている。

「テネシー」級と「コロラド」級は開戦までに近代化大改装を実施しておらず、新造時からシルエットはほとんど変わっていない。機関出力は改装後の「伊勢」型の3分の1しかなく、2本の煙突は極めて細く目立たない。

▲「テネシー」の停泊位置は戦艦列2番目内側だが、「アリゾナ」の火災の煙をかぶったためか、第一次攻撃で水平爆撃を受けただけで、第二次攻撃の急降下爆撃では目標にされなかった。

◀2番砲塔中央砲の損害状況。戦艦の砲身に800kg爆弾が命中した実例はこれが唯一。破口や亀裂を生じ完全に破壊された様子がわかる。しかし厚さ457mmの砲塔前楯にはこれといった被害がない点にも留意。

▼空襲3日後の「テネシー」(左)と「ウエストヴァージニア」(右)。転覆した「オクラホマ」の船底上から撮影。両者の喫水(新造時9.2m)と現状の比較から、現場の水深が12〜3m程度しかないことがわかる。

オクラホマ BB37
Oklahoma BB37

左舷に5本の魚雷が命中
大破横転し、そのまま廃艦へ

建造所ニューヨーク造船　1916年5月2日就役　真珠湾の損傷修理を断念され、1944年9月1日除籍。1946年12月売却、解体のため本国へ向け曳航中悪天候のため浸水沈没。なお、本艦は艤装中にも火災事故を起こしている。

後方の「ウエストヴァージニア」とともに第一次攻撃隊雷撃隊の主目標とされ、「赤城」隊7機、「加賀」隊4機、「飛龍」隊2機が攻撃を実施。このうち雷撃隊全体で唯一の魚雷の不具合（射点沈没）を記録した「赤城」の1本を除く12本が命中と報じられる。船体は急激に傾斜し、途中で左舷下部が海底に接触したが傾斜は止まらず、泥地の海底に上部構造物のほとんどが突っ込んで12分後には151・5度とほぼ転覆の状態となる。浮揚作業は42年7月から着手され、多大な期間と労力をかけて船体を引き起こしたが、最終的に修理の価値なしと判定されて除籍処分となる。命中個所が確認されているのは38番、43番、56番、80番、97番フレームの計5本だが、破損の程度が激しく、もっと多く命中していてもおかしくない。多数の被雷に加え、転覆のため艦内に取り残された乗組員も多く、総員の3分の1弱の429名が戦死・行方不明となった。ちなみに、本艦の戦死者から命名された艦の一つが護衛駆逐艦「イングランド」で、1944年5月南太平洋で11日間に日本潜水艦6隻を撃沈したことで有名。

◀空襲当日の撮影で、転覆した「オクラホマ」の上でレスキュー隊が、艦内に閉じ込められた兵員の救助作業を準備中。手前が右舷側面で、左手の兵たちの足元に右舷のビルジキールが見える。このチームは32名の救出に成功した。背景は「メリーランド」。

アメリカ海軍戦艦
オクラホマ BB37
United States Navy Battleship
Oklahoma BB37

HPモデル 1/700 レジンキャストキット
製作／佐伯真一

全長177.8m　排水量2万9000トン
速力20.5ノット
主砲35.6㎝連装×2、三連装×2 計10門

▲「ネヴァダ」の姉妹艦で主砲10門。両者はディテールにはいくらか違いがあるが、真珠湾攻撃当時の状態としては後部マストトップの12.7㎜機銃座の向きが45度ずれている点で比較的簡単に識別できる。

◀「オクラホマ」の係留位置は戦艦列先頭右側のF-7バース。「ウエストヴァージニア」とともに雷撃隊の集中攻撃を受けた。

▼転覆した「オクラホマ」の艦底と右舷推進軸。空襲時は奥に「カリフォルニア」、右手に「メリーランド」がいたが、写真には見えていないので後日の撮影。「ペンシルヴァニア」級以降が4軸なのに対し「ネヴァダ」級は2軸推進で、機関も「ネヴァダ」がタービン、「オクラホマ」がレシプロだった。

▼サルヴェージ作業の風景。1943年3月19日撮影。手法そのものはフォード島からロープを多数かけて引き起こすというシンプルなものだが、泥地に埋まったものを裏返すのは相当な困難だったと推察される。引揚装置は21基を数え、準備だけで8ヵ月かかった。防水工事ののち同年末に第2乾ドックへ入れられたが、結局放棄が決定、100万ドルの浪費と揶揄された。ちなみに船骸の売却価格は4万6000ドル。

メリーランド BB46
Maryland BB46

バトルシップ・ロウ内側に停泊していたため雷撃は免れる
命中弾2発で損害は比較的軽微

建造所ニューポートニューズ造船　1921年7月21日就役　真珠湾での損傷修理を直ちに終え、42年1月以降後方警備などに従事。ギルバート・マーシャル攻略から前線に戻り、44年6月21日日本機の攻撃で損傷。パラオ・レイテ攻略に参加。11月29日特攻機命中し損傷、45年4月7日沖縄で再び特攻攻撃を受ける。1959年3月1日除籍　同年売却

アメリカ海軍戦艦 メリーランド BB46
United States Navy Battleship Maryland BB46
ピットロード1/700インジェクションプラスチックキット
製作／林　幹人

全長190.2m　排水量3万1500トン　速力21ノット
主砲40.6cm連装×4計8門

「メリーランド」に対しては「赤城」水平爆撃隊が2発命中を報告。第二次攻撃では「赤城」「加賀」「飛龍」急降下爆撃隊の計13機が投弾したとされるが、実際の命中は2発で、弾種特定の鍵となる被弾時間は不明。1発はキャプスタン前方の前甲板を貫通し直下で炸裂。1発は艦首左舷側の海面に着弾後、11番フレームの水線下を貫通し炸裂。浸水のため艦首側が1.5m程度沈下した。本艦は水雷防御バルジを装着していたが、雷撃を受けなかったうえバルジの被覆範囲外で損傷浸水するという皮肉な結果となる。しかし損傷程度は軽微で、12月30日ピュージェットサウンド着、兵装改正を含む修理を2月26日に終えた。当日撃墜された搭載機のパイロットを含め戦死4名。

▲「メリーランド」は太平洋戦争開始前に水雷防御バルジを装着。中甲板舷窓の直下に至る巨大な装備は本艦に続き開戦時「コロラド」が装着工事中で、このため同艦は真珠湾にいなかった。「ウエストヴァージニア」は未実施だった。

▲「メリーランド」の位置はF-5バース、戦艦列先頭陸側。日本機の雷撃対象とならず、せっかくのバルジもこの時は無駄だった。本艦と「ウエストヴァージニア」が入れ替わっていたらどうなっていただろう。

◀空襲当日の状況。すでに隣の「オクラホマ」は転覆している。左側の係留浮標にF-5の文字。「メリーランド」は艦首付近に爆弾2発を受け、浸水のためよく見ると若干艦首が沈下しているが、具体的な破損の様子は確認できない。

▼同じく当日の撮影。「ウエストヴァージニア」の火災の煙で本艦後方の「テネシー」はまったく見えない。後甲板から大量の水が滝のように流れ落ちているが、これは海面の漏洩した重油を艦に近寄らせないため海面に放水しているもの。

カリフォルニア BB44
California BB44

魚雷2本、大型爆弾1発命中により大破数日後に着底す

第一次攻撃開始直後の雷撃で魚雷2本命中。位置は52番・101番フレーム。続いて0845時、60番フレーム右舷甲板に爆弾が命中し、中甲板で炸裂。これが高角砲弾薬庫の誘爆を招き大損害を及ぼす。戦死者100名の半数はこの爆発の時のものとされる。また、艦首左舷付近に落ちた至近弾の水中爆発で11～15番フレームの下甲板側面外板に破口を生じた。雷撃は「赤城」「蒼龍」隊の計3機が命中を報告、水平爆撃は「飛龍」隊が実施したが戦果不明としている。第二次攻撃でも「蒼龍」「飛龍」急降下爆撃隊が投弾し命中3を報じたが、これに対応する被害はない模様。攻撃終了の時点では辛うじて浮力を保っていたが、火災のため1000時に機関室から兵員を退去させざるを得ず、艦内動力を失って自力排水が不可能となり、他艦艇の救援を受けたが結局3日後に擱座。浮揚作業のため主砲やマストなど艤装品の多くを撤去する必要があり、42年3月25日浮揚、6月7日真珠湾発、ピュージェットサウンド工廠へ回航し本格修理と合わせ大改装を実施。

アメリカ海軍戦艦 カリフォルニア BB44
United States Navy Battleship California BB44
ピットロード1/700レジンキャストキット
製作／冨田博司

全長190.4m　排水量3万2000トン　速力21ノット
主砲35.6cm三連装×4計12門

建造所ニューヨーク海軍工廠　1921年8月10日就役　修理と大改装は1944年1月終了。以後マリアナ・フィリピン・沖縄作戦に参加。この間44年6月14日サイパンで陸上砲台、45年1月6日リンガエンで特攻機により損傷。1959年3月1日除籍　同年売却

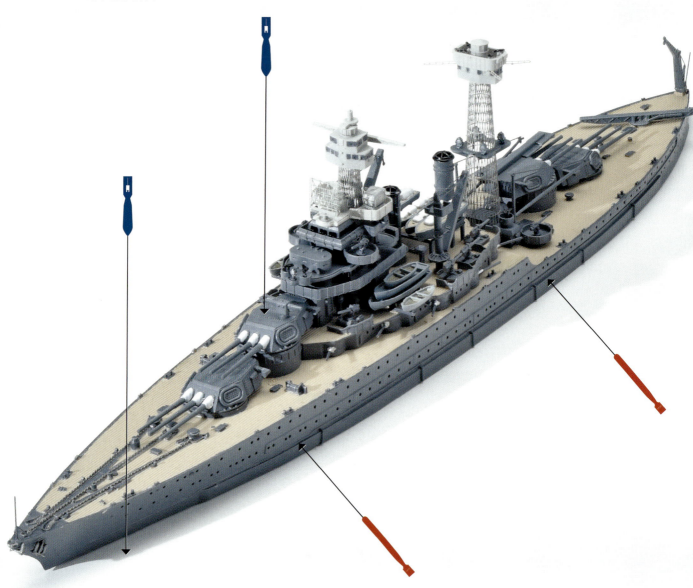

▲「テネシー」の姉妹艦だが、艦橋付近のたたずまいがやや異なる。本艦はレーダーの空中線を羅針艦橋の上に搭載しており、ここにあった測距儀を2番砲塔上に移設しているのが特徴。

▲「カリフォルニア」は戦艦列より南側に単独で係留されていた。第一次、第二次攻撃でともに目標とされている。

◀空襲直後の「カリフォルニア」。すでに艦首はかなり沈下しており、周辺に各種小型艦艇が集まって救援に当たっているが、3日後には完全に擱座してしまう。

▼同じく12月7日の状況。中央右が「カリフォルニア」。画面左端の煙は浮船渠の中で炎上中の「ショー」で、その右側に擱座した「ネヴァダ」が見えるので空襲からは1時間以上経過していると思われるが、まだ各所から激しく煙が立ち上っている。

ペンシルヴァニア BB38
Pennsylvania BB38

ドック入りしていたため被雷は免れる
爆弾1発が命中し火災発生

真珠湾攻撃当日入渠していた「ペンシルヴァニア」は、第一次攻撃では見落とされて全く攻撃を受けなかった。第二次攻撃でも本艦を目標として投弾したとされるのは「蒼龍」急降下爆撃隊の1機のみで、0907時に命中した唯一の被弾がこれと思われる。命中位置は84番フレーム右舷側のボートデッキで、これを貫通し9番副砲ケースメイト内部で炸裂。戦死・行方不明の数は諸説あるが概ね30名以下。送油管の破損で火災が発生し、ポンプの圧力不足のため消火に苦心したとされるが、被害は限定的で、ドックに落ちた至近弾の破片や、艦首側にいて被弾した「カッシン」「ダウンズ」の火災の影響もさほど問題にならなかった。12月20日真珠湾発、メアアイランド工廠で修理され、3月30日終了。

アメリカ海軍戦艦 ペンシルヴァニア BB38
United States Navy Battleship Pennsylvania BB38

ピットロード1/700レジンキャストキット（アリゾナより改造）
製作／林 幹人

全長185.3m　排水量3万3100トン　速力21ノット
主砲35.6㎝三連装×4計12門

建造所ニューポートニューズ造船　1916年1月12日就役
真珠湾の損傷修理後後方警備に従事、1942年10月から翌年2月までメアアイランドで近代化改装を実施後、アッツ・キスカ上陸作戦に参加。ギルバート・マーシャル・マリアナ・フィリピンと転戦。1945年8月12日、沖縄で停泊中日本機の雷撃を受け損傷。その後推進軸の破損もあり、最低限の修復の後ビキニ原爆実験に供用。1948年2月10日海没処分　2月19日除籍

▼「アリゾナ」の姉妹艦。近代化改装の内容もほぼ同じで、外見上あまり大きな違いはないが、「ペンシルヴァニア」のみCXAM-1レーダーを搭載していた。

▶注水消火した直後の第1乾ドック。後方に戦艦列の火災が、「ペンシルヴァニア」と右手のクレーンの間に「ヘレナ」が見える。手前「ダウンズ」（左）と「カッシン」。

カッシン DD372／ダウンズ DD375
Cassin DD372／Downes DD375

ペンシルヴァニアとともに入渠中 次々と爆弾が命中し大破炎上

「カッシン」建造所フィラデルフィア海軍工廠 1936年8月21日就役　1941年12月7日解役　1943年11月15日再役　1947年1月28日除籍

「ダウンズ」建造所ノーフォーク海軍工廠 1937年1月15日就役　1942年1月20日解役　1943年11月15日再役　1947年1月28日除籍

第二次攻撃で「カッシン」が3発、「ダウンズ」が1発被弾。日本側記録では「蒼龍」急降下爆撃隊2機が投弾、「飛龍」隊1機「ペンシルヴァニア」に命中せずを報告。後者は海図室で炸裂し艦橋構造物を破壊。前者のうち1発は艦橋下部船体内で、2発は船体前部と後部を貫通してドックの底で炸裂し、火災発生。当日の風で消火作業に難航するうち、断片で両艦から漏れた重油のため火勢が増し、「カッシン」の燃料庫や「ダウンズ」の爆雷が誘爆を起こして被害を拡大。消火のためドックに注水されたが、この影響で「カッシン」が架台から転倒し「ダウンズ」に寄りかかる形となってしまう。両者とも船体の損傷が激しく修理不能と判定されたが、機関部や武装などの艤装類には再利用可能なものが多く、メアアイランド海軍工廠で新造した船体にこれらを搭載する形で修理が実施された。

アメリカ海軍駆逐艦 カッシン DD372
United States Navy Destroyer Cassin DD372

ミドシップモデル1/700レジンキャストキット（マハン1938より改造）
製作／箱　二三

全長104m　排水量1500トン　速力37ノット
主砲12.7cm単装×5計5門／53cm四連装魚雷発射管×3

アメリカ海軍駆逐艦 ダウンズ DD375
United States Navy Destroyer Downes DD375

ミドシップモデル1/700レジンキャストキット（マハン1938より改造）
製作／箱　二三

全長104m　排水量1500トン　速力37ノット
主砲12.7cm単装×5計5門／53cm四連装魚雷発射管×3

両艦とも、1930年代に建造再開されたアメリカ海軍の艦隊型駆逐艦の第2タイプ「マハン」級に属する。四連装魚雷発射管3基を三角形に配したのが特徴。同型艦18隻。トップヘビーの傾向があって開戦前に改修工事を実施したが、主砲として対空射撃可能な両用砲を用い、寸法を含め基本的なデザインは「ベンソン」級までほぼそのまま継承された。真珠湾攻撃当時「カッシン」「ダウンズ」は修理中で、戦艦「ペンシルヴァニア」と同じ第1乾ドックの奥側に並んで入れられていた。「カッシン」が左側で、ドックが南向きのため地図上は東側となる。特別狙われる目標ではないが居所が悪かった。

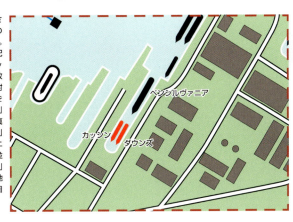

ユタ AG16
Utah AG16

戦艦に誤認されて攻撃
魚雷複数が命中し、数分で転覆

対空射撃訓練を終えて12月5日入港。通常は空母「エンタープライズ」が使うF11バースに係留されていた。同艦の所在は機動部隊に知らされており、戦艦と誤認して攻撃しないよう厳命されていたが、第一次攻撃で「蒼龍」雷撃隊が攻撃を実施。空襲開始直後の0801時に2本が命中。0805時の時点で左舷に40度傾斜して一時落ち着いたが、0812時、係留索が切断すると急速に横転、傾斜角165度のほぼ転覆状態となった。フォード島西側で雷撃を実施したのが「蒼龍」の6機でいずれも命中を報告し、隣の「ローリー」にも命中弾があることから、最終的な命中数は5本と言われ、命中位置は1本目が84番フレーム付近とする証言もあるが、特定されたのは58・70・80番フレームの3ヵ所。戦死64名。その後のサルベージで傾斜角38度まで復元されたが、コスト面を含め引揚に値しないと判断され、フォード島方向に若干移動しただけで放棄。船骸は現在も当地に残っている。

アメリカ海軍標的艦 ユタ AG16
United States Navy Target ship Utah AG16
ニコモデル1/700レジンキャストキット（フロリダより改造）
製作／村田博章

全長158m　排水量2万1825トン　速力20.8ノット（新造時）

「ユタ」はロンドン軍縮条約で廃棄された戦艦のうち最も新しいもので、規定により標的艦として残された。対空火器の訓練艦を兼任していたため、砲身を撤去した砲塔の上などに雑多な対空火器を積んだ奇妙な形状を呈している。

▼戦艦（BB-31）として建造　建造所ニューヨーク造船　1911年8月31日就役　1932年4月1日標的艦（AG-16、雑種特務艦）に類別変更　1944年11月13日除籍

▶被雷直後の「ユタ」。右舷の係留索で辛うじて傾斜を止めているが、これが切断したあと急速に転覆してしまった。わずか10分余りの間に撮影された貴重な映像。空襲開始時には本艦でも星条旗を掲揚中で、写真でも揚げかけて止めた状態の旗が見える。後部旧主砲塔上の5インチ砲塔は小屋状のカバーで覆われている。

カーティス AV4
Curtiss AV4

爆弾1発命中と自爆機1機突入により搭載機が焼失

第二次攻撃開始後の0905時、被弾した艦爆1機（「赤城」機とされる）が炎上しつつ後部煙突右舷側の1番クレーンに激突。漏れ出したガソリンに引火し、格納庫後方にあったOS2U観測機1機に延焼、全損させる。0912時、爆弾4発が投下され、1発が先の被害個所付近に命中、甲板2層を貫通し中甲板73番フレーム付近で炸裂。映画室、電池室、航空機エンジン工場が損傷。他に1発が艦尾側（南西側）係留浮標に命中炸裂し、艦尾付近に破口多数を生じる。戦死19名。日本側には本艦を攻撃した記録がない。損傷程度は軽微で、サンディエゴでの修理は4日で終了。1番クレーンは撤去されて20mm機銃座が置かれた。なお、姉妹艦「アルベマール」も後にこのクレーンを撤去している。

アメリカ海軍水上機母艦 カーティス AV4
United States Navy Seaplane tender Curtiss AV4
ルースキャノン1/700レジンキャストキット
製作／林　幹人

全長161m　排水量8671トン　速力20ノット

建造所ニューヨーク造船　1940年11月15日就役　真珠湾攻撃で損傷後サンディエゴで修理を実施、1月13日真珠湾に戻る。フィジー・サモア・ニューカレドニアの水上機基地設営に従事し、ソロモン方面作戦を支援。以後も米軍の侵攻に伴い中部太平洋で同様の任務に従事し、1945年6月21日沖縄水域で特攻機の命中により損傷。朝鮮戦争に参加。1963年7月1日除籍　1972年2月売却

損傷した九九式艦爆が自爆

▼貨客船風のシルエットが特徴的な水上機母艦。船体後部に大型格納庫とクレーン3基を備え、1隻で水上機2個中隊の支援能力を持つが、射出機はなく、洋上での機動的運用は考えていない。開戦時CXAM-1レーダーを搭載した数少ない艦艇の一つだった。

▶「カーティス」はフォード島と北西側のパールシティ地区の間の水道、X-22バースに停泊しており、第一次攻撃中の0836時に特殊潜航艇を発見攻撃している。写真は第二次攻撃中に日本機の突入を受けた直後の同艦で、フォード島に投弾した艦爆が引き起こそうとするところに同艦の対空砲火が命中し、そのまま艦上に墜落したとされる。

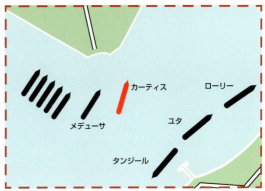

ローリー CL7
Raleigh CL7

フォード島東岸に停泊中、魚雷1発と爆弾1発が被弾
左舷に傾斜するも沈没は免れる

アメリカ海軍軽巡洋艦 ローリー CL7
United States Navy Light cruiser Raleigh CL7
ニコモデル1/700レジンキャストキット
(ミルウォーキーより改造/作例はデトロイト)
製作/市野昭彦

全長169.4m 排水量7050トン 速力35ノット
主砲15.2cm連装×2、15.2cm単装6計10門

建造所ベスレヘム造船 1921年8月1日竣工 真珠湾で損傷後、現地で仮修理のうえ本土へ回航、メアアイランドで修理後南東太平洋で船団護衛に従事。42年11月末より北太平洋で行動、44年後半から大西洋岸で練習艦任務に就き、終戦直後の1945年11月28日除籍。46年2月売却

当日は「ユタ」の北東隣のF-12バースに係留中で、空襲開始直後に魚雷1本命中、さらに第二次攻撃で爆弾1発命中。魚雷は「蒼龍」雷撃隊が「ユタ」を狙ったもののようで、艦首側(「ユタ」と反対側)にも1本航過したとの説もある。左舷56番フレーム、第2缶室の舷側装甲帯下端に命中し、装甲帯が屈曲。同缶室と前部機関室に浸水。爆弾は「赤城」機が命中を報告。左舷後部112番フレームに命中、甲板3層を貫通し艦外約15mの水中で炸裂。この破口も浸水を招き、左への傾斜がひどくなったため、右舷側に注水。左舷にポンツーンを横付けした。一時右に13度傾斜したが、最終的に左4度で落ち着く。この時点で後甲板すれすれまで沈下していた。幸い戦死者はなかった。12月22日から仮修理に入り、1942年2月21日、本国へ回航。

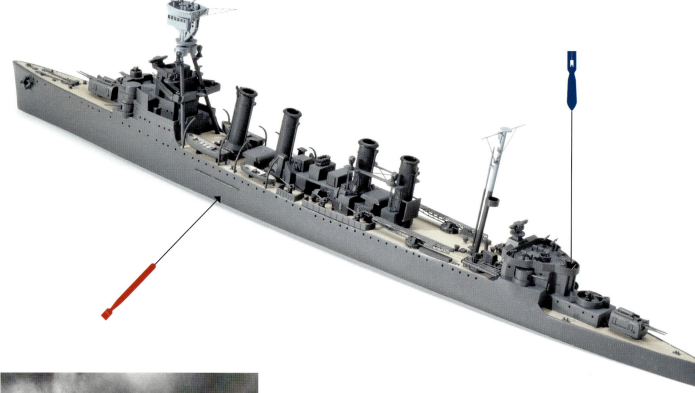

◀空襲後の「ローリー」。浸水と注水で船脚がかなり下がっており、左舷側にサルベージ用ポンツーン「YSP-13」「YSP-14」を固着して辛うじて浮力と傾斜角を保っている。右舷側前部に係留中のF-12バースの浮標番号、右手後方に転覆した「ユタ」の艦底が見えている。

▼ワシントン軍縮条約以前に計画された「オマハ」級軽巡は、4本煙突で同時期の駆逐艦と意図的にシルエットが似せられている。性能は日本の5500トン型を凌ぐが、第二次大戦時は旧式化し、単独で辺境地の警備に派遣される艦が多かった。

ホノルル CL48
Honolulu CL48

工廠に停泊中
埠頭を貫通した至近弾により損傷

「ホノルル」は南東入江の入り口、海軍工廠区域の修理ドック奥（B17）に係留されていた。0909時（0920時ともいう）、横の岸壁に落ちた爆弾がコンクリートを貫通して本艦左舷と岸壁の間の水中で爆発。25〜51番フレームの外板が大きく陥没。下甲板装甲の一部が屈曲、弾薬庫と倉庫に浸水、2番砲塔が電気系統の損傷で使用不能となった。「蒼龍」機が「サンフランシスコ」「セントルイス」に投弾したものらしく、至近弾ながらかなりの被害となっている。自力で第1乾ドックへ移動し、修復された。当時の同艦は作例の「ボイス」戦時状態よりもオリジナルデザインに近く、一回り大きい艦橋構造物に2段の角窓が並んでいた。

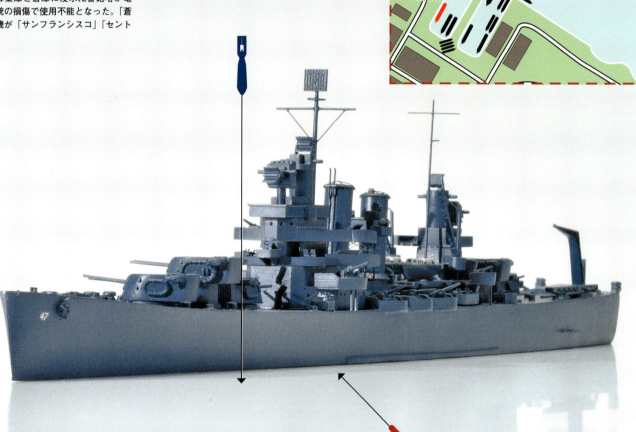

アメリカ海軍軽巡洋艦 ホノルル CL48
United States Navy Light cruiser Honolulu CL48
コルセアアルマダ1/700レジンキャストキット
（フェニックスより改造／作例はボイス）
製作／市野昭彦

全長185.4m　排水量1万トン　速力32.5ノット
主砲15.5cm三連装×5計15門

建造所ニューヨーク海軍工廠　1938年6月15日就役　真珠湾で損傷修理後船団護衛に従事、一時北太平洋に派遣されるが、本国で整備の後南太平洋へ進出。ルンガ沖夜戦、クラ湾夜戦、コロンバンガラ沖夜戦と相次いで日本水雷戦隊と交戦し、雷撃で損傷。44年10月、レイテ侵攻作戦中空襲で再び損傷し、終戦まで復帰せず。1959年3月1日除籍　同年売却

▶パールハーバー南東部、太平洋艦隊司令部前の潜水艦基地から海軍工廠を望む。手前の潜水艦「ナーワル」と右手の給油艦「ラマポ」の向こうに見える明るい色の艦尾が「セントルイス」、2本煙突が「ニューオリンズ」で、「ホノルル」はその間の奥、白くなっているところにいる。

ショー DD373
Shaw DD373

直撃弾3発、弾薬庫が爆発炎上

アメリカ海軍駆逐艦 ショー DD373
United States Navy Destroyer Shaw DD373
ミドシップモデル1/700レジンキャストキット
（マハン1938より改造／作例はカニンガム）
製作／箱　二三

全長104m　排水量1500トン　速力37ノット
主砲12.7cm単装×5計5門／53cm四連装魚雷発射管×3

建造所フィラデルフィア海軍工廠　1936年9月18日就役　真珠湾の損傷を修理後、前線へ復帰し南太平洋海戦に参加。1943年1月10日ヌメアで座礁損傷。修理後ニューギニア方面で行動、12月26日空襲を受け損傷。再度修理し、以後マリアナ・フィリピン攻略に参加、パラワン島などの占領に従事し、終戦は米東海岸で迎える。1945年10月4日除籍　翌年解体

「ショー」は11月から浮船渠「YFD-2」で修理中だった。第二次攻撃開始後の0910時頃、ほぼ同時に爆弾3発が命中。2発は艦橋前の機銃座直前から下甲板まで貫通し炸裂、1発は浅い角度で左舷艦橋ウイングから艦橋構造物を貫通して右舷艦外で炸裂。火災が発生し、船渠内に漏洩した油と盤木が延焼。消火困難となって0925時総員退去が下令、ドックへの注水も実施されるが、0930時前部弾薬庫が大爆発を起こした。船体は65番フレーム付近で切断、艦橋構造物は前半分がえぐり取られるように損壊。同時に入渠修理中だった港内曳船「ソトヨモ」（Sotoyomo YT-9）も炎上し船渠内に沈没（のち修復）。しかしこの後、下記の通り修復されて再就役に至る。羅針艦橋が若干縮小されるなどの変更を除き、概ね損傷前の状態に戻されている。

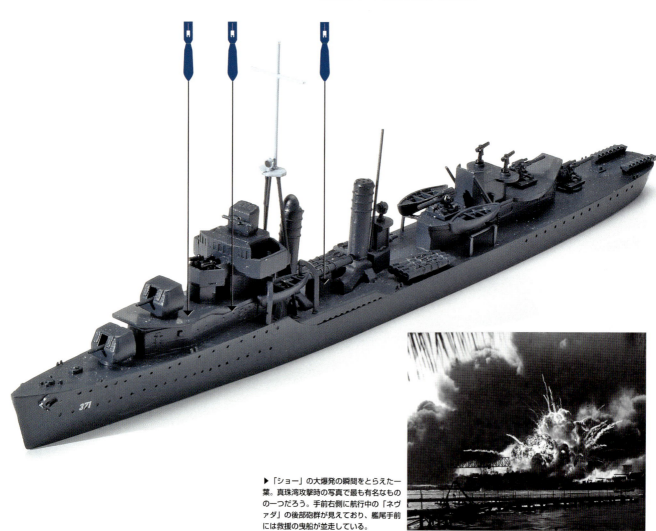

▶「ショー」の大爆発の瞬間をとらえた一葉。真珠湾攻撃時の写真で最も有名なものの一つだろう。手前右側に航行中の「ネヴァダ」の後部砲群が見えており、艦尾手前には救援の曳船が並走している。

奇跡の復活を果たしたショー

大爆発の写真を見ると「ショー」は再起不能の被害を受けたように思えるが、意外にも機関部は無事で艦橋構造物より後ろは使用可能と判定された。1か月ほどで仮艦首を装着して2月8日真珠湾発、メアアイランドで前半部を再生し、わずか半年後の8月末には真珠湾に戻ってきた。船体が細長く軽構造の駆逐艦では、このように船体の半分を失っても再生されることが案外多く、日本の「秋月」が建造中の「霜月」の前半部を移植した例、第一次大戦時の英国で「ヌビアン」と「ズールー」を半分ずつ使って1隻再生し「ズビアン」と命名した例などがあるほか、「ショー」と同様に後半部だけで航行中空襲を受けて沈んだ「天津風」のようなケースもあった。

仮修理を終えて真珠湾を出港する「ショー」（左）と、これを再現した作例（右：製作／箱　二三）。船首楼のない後半部だけの船体に雑な仮艦首をつけた姿はいかにも不恰好で衝撃的だが、これで25ノット出たという。武装類はほとんど撤去されているものの、主砲1門だけ残してあるのが興味深い。なお、上下作例とも前部マストが三脚となっているが、「ショー」は浮船渠内の修理で新造時の三脚から単棒檣に変更していたようで、下のものはオリジナルの流用ではない。

ヘルム DD388
Helm DD388

ワイピオ岬沖で至近弾を受ける

アメリカ海軍駆逐艦 ヘルム DD388
United States Navy Destroyer Helm DD388
ミドシップモデル1/700レジンキャストキット
（ヘンリーより改造／作例はマグフォート）
製作／大槻正行

全長104m　排水量1500トン　速力37ノット
主砲12.7㎝単装×4計4門／53㎝四連装魚雷発射管×4

「ヘルム」は空襲開始当時、湾口のワイピオ岬付近にあった。第一次攻撃では被害はなく、座礁中の特殊潜航艇を攻撃したが取り逃がす。第二次攻撃では0915時に日本機2機の攻撃を受け、緩降下から高度300mで投弾するも回避運動で右艦首30mの至近弾となる。対応する日本側記録は不明（「飛龍」機？）。外板にひけを生じ、14番フレームから前方にひずみが発生したとされるが、上部構造物などに被害はなく、パールハーバーで短期間のうちに修理された。

建造所ノーフォーク海軍工廠　1937年10月16日就役　真珠湾の損傷修理後は南太平洋で行動、第一次ソロモン海戦に参加。以後も精力的に行動し、1944年後半は第38機動部隊に所属、10月28日レイテ島東方で「伊46潜」を撃沈（「グリッドレイ」と協同）。沖縄戦にも参加。戦後ビキニ島の原爆実験に使用され、1947年2月25日除籍。同年売却

ヴェスタル AR4
Vestal AR4

アリゾナ轟沈の巻き添えを受け炎上
浸水により擱座

中型の工作艦だが、前身は第一次大戦前に就役したアメリカ海軍最初の給炭艦。船尾楼のない二島型船体など、艦歴・外見とも特徴が多い。

アメリカ海軍工作艦 ヴェスタル AR4
United States Navy Repair ship Vestal AR4
コルセアアルマダ1/700レジンキャストキット
製作／米波保之

全長142m　排水量8100トン　速力16ノット

対空射撃開始とほぼ同時の0805時、隣の「アリゾナ」と同時に爆弾2発命中。1発は右舷44番フレーム付近で甲板3層を貫通し倉庫で炸裂。1発は左舷110番フレームの船体を貫通し海底へ。前部で弾薬庫に注水し、後部からは浸水。そこへ「アリゾナ」が大爆発を起こし、本艦も火災発生。更なる被害を避けるため、曳船の支援を受けつつ自力で艦列を離れ、北東の浅瀬（アイエア・ショール）に擱座した。乗組員は直後から他艦の救難修理に参加している。

給炭艦（AC-1）として建造　建造所ニューヨーク海軍工廠　1909年10月4日就役　ボストン海軍工廠で工作艦に改装され、1913年9月3日再就役。パールハーバーで損傷後、42年8月に復帰し、南太平洋で修理任務に従事。大戦末期には沖縄・慶良間諸島で特攻機の攻撃を受けた諸艦を修理。1946年9月25日除籍　1950年売却

ヘレナ CL50
Helena CL50

オグララの船底を通過した魚雷が命中

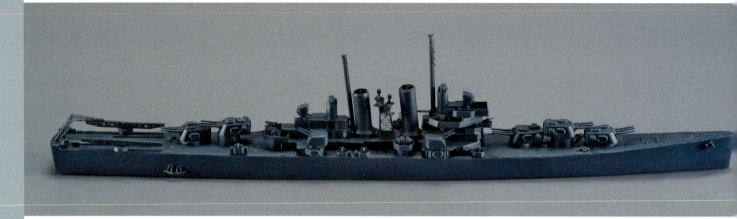

アメリカ海軍軽巡洋艦 ヘレナ CL50
United States Navy Light cruiser Helena CL50
ピットロード1/700インジェクションプラスチックキット
（クリーブランドより改造）
製作／マルヨシ

全長185.4m　排水量1万トン　速力32.5ノット
主砲15.5cm三連装×5計15門

建造所ニューヨーク海軍工廠　1939年9月18日就役　真珠湾での損傷を修理の後、南太平洋で行動。サヴォ島沖夜戦、第三次ソロモン海戦第一夜戦に参加。損傷修理後、1943年7月6日のクラ湾夜戦で日本駆逐艦の魚雷を受け沈没。

空襲時はフォード島南東側、海軍工廠の「1010埠頭」2番係留点にあった。通例「ペンシルヴァニア」が係留されている場所で、「蒼龍」隊1機、「飛龍」隊4機が雷撃をしたとされるが、このうち1本のみが0757時「ヘレナ」に命中。前部機関付近、右舷74番フレーム艦底近くにできた破口で前部缶室・機関室に浸水。5度以上傾斜するも注水復元。「オグララ」が岸壁側に傾斜したため、二次被害を避けるため曳船で現場から退去。応急修理で数時間中に10ノット以上発揮可能となり、翌日（10日ともいう）自力で第2乾ドックに入渠したが、損傷程度が予想以上に大きく本国回航が決定、メアアイランドで6月末まで修理に費やした。なお、第二次攻撃でも「蒼龍」「飛龍」急降下爆撃隊の攻撃で命中1、至近弾4を受けたとする資料もある。

オグララ CM4
Oglala CM4

ヘレナに魚雷が命中した衝撃で損傷

客船を改造した旧式敷設艦。第一次攻撃の魚雷1本が艦底を通過して岸壁側に並んでいた「ヘレナ」に命中したが、その衝撃で本艦の左舷42番フレームに亀裂が入り、急速に浸水。応急注水も間に合わず現場で横転した。被弾ゼロで致命的被害を受けてしまった不運な艦。

アメリカ海軍敷設艦 オグララ CM4
United States Navy Minelayer Oglala CM4
1/700フルスクラッチビルド
製作／林　幹人

全長118m　排水量3746トン　速力14ノット

商船「マサチューセッツ」として建造　建造所クランプ社　1907年完成　アメリカ海軍に取得され1917年12月7日就役　1918年1月「ショーモット」と改名　1920年敷設艦に改装、1928年「オグララ」と改名　パールハーバーでの損傷を修理後、1943年5月内燃機工作艦（ARG-1）に類別変更。1946年7月12日除籍　1965年売却

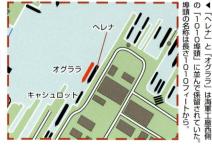

「ヘレナ」と「オグララ」は海軍工廠西側の「1010埠頭」に並んで係留されていた。埠頭の名称は長さ1010フィートから。

▼横転した「オグララ」。雷撃された他の艦と異なり、岸壁側に傾いているのが興味深い。右舷側にこれといった被害はない。

第5部
真珠湾奇襲攻撃の検証

南雲機動部隊によるパールハーバー奇襲攻撃は大成功をおさめた。パールハーバー在泊のアメリカ太平洋艦隊の戦艦はすべて損傷し戦力を喪失したかに見えた。しかしこの日本の勝利は決定的なものではなかった。ここではパールハーバー攻撃後のアメリカ艦隊の復旧と日本軍によるイフの可能性について検証しよう。

愛知 D3A 九九式艦上爆撃機 一一型
Aichi D3A [Val] Type 99 Carrier Bomber Model 11
サイバーホビー 1/72 インジェクションプラスチックキット
製作／横浜潤馬

賭けに勝った日本海軍の戦果
史上空前の戦果とその評価

日本海軍のパールハーバー奇襲は大きな戦果をあげた。ライバルたるアメリカ太平洋艦隊に壊滅的な打撃を与えたのだ。しかしその戦果は日本海軍にとって、太平洋における一時的な優位をもたらすものに過ぎなかった……

文/白石 光

■幻となった再攻撃

オアフ島の北方約200海里を遊弋する機動部隊では、ト連送、そしてそれに続くトラ信以降、攻撃隊が発した報告電文を仔細漏らさず受信していた。

……戦艦繋留列（バトルシップ・ロウ）への雷撃成功……飛行場駐機中の航空機30機以上を破壊……重巡に命中弾……続いて戦艦にも命中弾……

これらの文面に機動部隊の全員が狂喜乱舞しているさなか、「翔鶴」の航海長塚本朋一郎中佐は不安を感ぜずにはいられなかった。将兵は浮かれ、格納庫甲板には弾薬と燃料が用意されて帰還機の再発艦準備に即応できるような状態のいま、もしもアメリカ側の攻撃を受けたらひとたまりもないではないか、と。もっとも、このときアメリカ側にそのような余裕はなかったので、塚本の取り越し苦労ではあったが。

攻撃成功の報に接した際、互いの手を握り合ってそれを祝した南雲と草鹿だったが、いまは機動部隊の旗艦「赤城」の艦橋で、二人して不安げな表情を隠そうともせずに空を見上げていた。すると0530時頃、南の空にポツリ、ポツリと黒い点が現れた。これが、二人が待ち望んでいたものだった。

そう、攻撃隊が帰ってきたのだ！

あるものは単機で、またあるものは小さな編隊を組んで、零戦、九七式艦攻、九九式艦爆が機動部隊の上空に到達すると、発艦した空母に次々と着艦していく。一方、各空母の飛行甲板上では、医官が衛生兵とともに担架や応急医療品を揃えて待機していた。しかし被弾機が多かった割には、負傷した搭乗員はほとんどいなかった。

朝から天候は徐々に悪化を続け、いまでは波も高くなったうえ、急に強く吹きつける風の影響で着艦が難しくなってきていた。そのため着艦事故も起こり、また、上空で旋回待機している機を急ぎ着艦させるため、損傷が大きな機体は着艦後すぐに海へと投棄して、飛行甲板が塞がっている時間をできる限り短縮しなければならない事態も生じた。

帰還した搭乗員のなかには、仲間の消息を知るべく無線室へと走った者もいた。アメリカ側に機動部隊の位置を知られてはまずいため、帰還方位の確定に有効な誘導電波の発信は封止されていた。

「燃料なし。海に突入する。バンザイ、バンザイ」

方位を失ったまま飛行を続け、ついに燃料切れとなったある九九式艦爆からの最後の発信に接すると、勇猛な海鷲たちの目に涙が光った。

淵田は0830時頃に帰艦した。被弾の跡も生々しい総指揮官機の偵察員席から彼が「赤城」の飛行甲板に降り立つと、源田が走り寄ってその手を握る。向かい合った二人は、ともに満面の笑みをたたえていた。

南雲は着艦直後の淵田の元に従兵を走らせ、すぐ自分のところに出頭するよう伝えた。だが淵田は、まずは先に帰還していた部下の各隊長と会い、彼らがまとめておいてくれた戦果報告を確認して一服の茶を飲んだ。彼としては、できるだけ正確な全体報告をしたかったのだ。すると再び従兵が現れたので、急ぎ南雲の待つ艦橋へと向かった。

南雲と機動部隊幕僚の面々が居並ぶなか、淵田はまず直属上官の「赤城」艦長長谷川喜一大佐、次いで南雲に敬礼すると報告を始めた。淵田としては正式な作戦経過と戦果報告にするつもりだったが、それを南雲が遮った。

「それで、実際のところ戦果はどのようなものか？」

せいているような南雲の質問に淵田は答える。

「上空からの私自身の観察では、戦艦4隻撃沈、さらに戦艦4隻撃破と見積もっております」

この発言に、南雲は報告を続けようとする淵田をまたしても遮り、質問をぶつけた。

「アメリカ艦隊が6カ月以内にパールハーバーから出撃する可能性はあると思うか？」

これは戦果報告ではなく戦果分析の範疇となるので淵田はやや不安だったが、ほかでもない南雲の質問なので、自分が予想できる範囲で答えることにした。

「おそらくそれはできないかと思われます」

この答えを聞いた南雲は、喜びを隠せなかった。そこに今度は草鹿が質問した。

「次の目標はなにを狙えばよいか？」

これこそが、淵田の待っていたものだった。

「まず海軍工廠、次に燃料タンク、そして余裕があれば再び敵艦艇群です」

「戦艦をもう一度攻撃すべきかね？」

草鹿の問いかけに淵田は答える。

「いえ、その必要はないと思います」

次いで草鹿は、アメリカ側の反撃について言及した。これに対し、淵田と源田は答えた。

「オアフ島とその近海の制空権はわれわれが確保していると思われます」

すると、別の参謀が尋ねた。

「アメリカ側は、いますぐわれわれに反撃を加えることができるだろうか？」

嘘をつくわけにはいかないので淵田は答えた。

「今回の攻撃で敵機多数を撃破しましたが、そのすべてかどうかは不明です。おそらく、まだわれわれを攻撃できるだけの余力を残していると思われます」

再び南雲が質問した。

「敵空母はどこにいると思うか？」

これも淵田にはかかわりのない分析がらみの質問だったが、やはり推察で答える。

「確信はありませんが洋上訓練中で、この攻撃の報に接して、われわれを捜しているのではないでしょうか」

この言葉に、南雲はやや怯んだ。だが源田が血気盛んに言った。

「敵がきたら叩き落とすだけです！」

そしてさらに、まだ作戦目的が完

▼パールハーバー海軍航空基地でクリップや弾帯に弾薬を再装填する海軍将兵。第一波と第二波の攻撃のわずかな合間に撮影されたと思われる。各人の軍装がばらばらなのが戦況の慌ただしさを物語っている。

▼爆撃により被害を受けたハワイ海軍工廠の10-10ドック。だが全体的に見れば同工廠の被害は軽微であり、攻撃後は速やかに被害艦の修復作業を開始している。

全には達成されていないとして攻撃の反復を主張した。第二次攻撃である。極端な話、源田としては敵空母を叩けるまでの数日間、いまの海域に留まることすら考えていた。

各空母では、帰還機のうちで再出撃が可能な機に燃料や兵装が搭載され、一部の機は早々とエレベーターで飛行甲板に上げられていた。

艦橋を辞した淵田は、しばらくして「攻撃準備取り止め」の艦内放送があり、「赤城」の信号マストに「針路北西」の旗旒信号が掲げられたことに驚いて艦橋に駆け上がった。そして南雲に問うた。

「再攻撃はしないのでしょうか?」

すると、南雲に代わって草鹿が答えた。

「作戦目的は達成された。機動部隊は次の作戦の準備に入るのだ」

明確な回答に失望した淵田は、一言も発することなく敬礼だけして艦橋をあとにしたのだった。

パールハーバーへの再攻撃にかんしては、機動部隊次席司令官の立場にある三川から南雲への進言があり、山口からも「第2撃準備完了」と再攻撃を促す報告が行われた。連合艦隊司令部でも、一部の幕僚により南雲に再攻撃を指示すべきという意見が具申されたが、山本は「南雲はやらんよ。彼に任せよう」と言って「現場の判断」を優先。山本自身、再攻撃を発令しなかった。

■勝利によって得たもの、失ったもの

かくて戦史上に燦然と輝く見事な攻撃作戦「Z」は、日本の大勝利という形で終演を迎えた。そして本作戦において、日本がアメリカに与えた打撃は、ほぼ次のようなものであった。

戦艦5隻沈没(大〜中破着底を含む)、3隻中破、軽巡洋艦2隻大破、1隻中破、駆逐艦2隻除籍、1隻大破、そのほかの艦艇数隻が沈没・大破。また、航空機は188機が完全破壊された。人的には、陸・海軍の軍人と民間人合わせて計2403名が戦死、1178名が負傷したとされている(各数字には異説あり)。ほかに、ハワイ海軍工廠の一部の設備や、各飛行場の格納庫をはじめとする設備にも損害を与えた。

このように、たしかに表面上は日本の大勝利であることを疑う余地はない。だがこれを分析してみると、いろいろなことが見えてくる。アメリカ側はレーダー情報や甲標的接触情報を見逃すという大きなミスを犯したが、実は日本側もまた、いくつかのミスを犯しているのだ。

そのうちの最大のものは、今回のパールハーバー攻撃によって日本海軍自らが大艦巨砲時代に幕を引き、航空主兵時代の到来を証明したにもかかわらず、アメリカ太平洋艦隊の戦艦群こそ痛撃したものの、肝心の空母をまったく手付かずで残してしまったことだろう。その意味では、航空参謀たる源田の意見 ── 敵空母を仕留めるまで作戦を継続 ── が正しかったといえよう。旧式で速力が遅く、空母の随伴護衛に使えない古い戦艦をいくら沈めたところで、航空主兵の戦いには影響を及ぼさないのだ。

とはいえ、ハワイのアメリカ軍にどれほどの損害を与えたかが明確にわかっていなかった時点で、源田の提案のような作戦の継続は事実上不可能であった。それは戦術上の問題ではなく、これからも続くであろう「戦争(「戦い」ではない)」に不可欠な、貴重きわまりない機動部隊を危険に晒してもよいのかという戦略上の問題を含んでいたからだ。

二つめは、アメリカ太平洋戦略の要たるパールハーバー自体が擁している、インフラとしての価値を見誤ったことである。当時、太平洋随一だった巨大な燃料貯蔵設備や大規模な艦艇修理施設(ハワイ海軍工廠)には、ほとんど損害を与えていない。海軍工廠のような特殊なインフラは、設備や機器類という「ハード面」だけでなく、熟練勤務者という「ソフト」も含めて「消去」することで、より破壊効果が向上するのだ。

そこで、もし淵田の主張に従って南雲がリスクを承知のうえで第2撃、第3撃を繰り出してそれらを叩いていたら、一石二鳥でそこに帰港してきた空母をも攻撃できた可能性もあり、アメリカは航空主兵の主役たる空母を失った可能性も考えられる。

あるいは、空母に損害を及ぼしただけで終わったにしても、海軍工廠が破壊されていれば修理に手間がかかり、戦艦群の復旧も含めてかなり遅くなることが予想できる。このように作戦期間を延長した場合、その代償として日本側がどのような損害を被ることになるかは未知数だが、いずれにしろ以降の太平洋の戦いの様相、特に緒戦時については、アメリカの空母の隻数の減少によって、若干異なったものになっていた可能性もある。

しかしながら、なによりも日本が犯した最大の失敗は、正式に宣戦布告よりも先にパールハーバーを攻撃してしまったことの一言に尽きる。これは試合開始のホイッスルが鳴る前のフライングであり、フェア・プレーを重んじるアメリカ人を激怒させてしまった。

かくて「リメンバー・パールハーバー(真珠湾を忘れるな)」の標語がつくられ、アメリカ人の戦意高揚と民意結束に大きな役割をはたしたのである。もっと言うなら、この標語が太平洋戦争におけるアメリカの勝利の原動力となったといっては過言だろうか。

こうして考えてみると、「Z」作戦は、太平洋戦争という長い戦いにおける、日本にとってのピュロスの勝利であったのかも知れない。

▲カネオヘ海軍航空基地で戦死した15名の将兵の葬儀に際し、弔銃を発射する海兵隊儀仗隊。パールハーバー攻撃の翌日の撮影。

▲1941年1月7日に撮影されたパールハーバーの空撮写真。手前にハワイ海軍工廠、その向こうにフォード島が見え、同島西岸には空母「レキシントン」が投錨しているのが確認できる。

◀パールハーバー攻撃の翌日(アメリカ時間12月8日)、上下院合同議会の席上で日本の卑怯な攻撃行為を非難する演説をしたルーズヴェルト大統領は、議会に対して宣戦の布告を要請した。

史実以外の選択肢はありえたのか？
パールハーバー奇襲に関するIFの検証

完璧な奇襲によって戦艦8隻を撃沈破し、海戦史上に不滅の記録を残したパールハーバー攻撃。しかし第二次世界大戦の大きな節目となる事件であり、かつ当事者でもある日本側の事前予想さえ上回るほどの大成功となったために、かえってその後の戦局を大きく変えたかもしれない「もしも（if）」も様々な角度から提示されてきた。そのうち代表的な幾つかをここで検証してみたい。

文／宮永忠将

IF 1
もし真珠湾のインフラを破壊していたら？

日本海軍は、敵の前線装備、つまり大型主力艦に攻撃力を集中しすぎて、本来、戦争遂行に不可欠なインフラへの攻撃を軽視したことが、比較的早いアメリカ海軍の立ち直りを許してしまったという批判がある。

戦艦や巡洋艦は確かに重要な兵器であるが、長い目で戦争を見るならば、いずれ沈んだり、壊れてしまうものでもあり、戦争が長引けば旧式化して使われなくなることも多い。新しい船が続々登場することを考えれば、替わりの効く存在でもある。それに対して、軍港の機能は代替が効かない。だから敵艦艇への攻撃はほどほどにして、港湾インフラを破壊すれば、アメリカ太平洋艦隊の作戦行動自体が、長期に渡り不可能になるという考えだ。

事実、パールハーバー攻撃から二ヶ月後うちに、ハルゼー艦隊いう内日本軍が占領しているマーシャル諸島を強襲し、日本軍を少なからず狼狽させている。上陸部隊などをともなわない単発の奇襲であったが、ハワイが後方基地として機能していたために、日本軍の虚をつくことができたのだ。

ただし、パールハーバーのインフラ破壊は日米双方の事情から検討する必要がある。

まず南雲艦隊は港湾施設への攻撃を実施できたのか？　これについて答えはイエスであり、ノーでもある。南雲艦隊は二波の攻撃隊でパールハーバーを襲ったが、敵主力艦に対しては第一次攻撃でほぼ片がついていた。第二次攻撃隊は水平爆撃と急降下爆撃が中心であり、結果としてダメ押し、落穂ひろいといった攻撃内容になった。したがって、この攻撃隊をインフラ攻撃に振り分けるという判断は理屈の上では可能であっただろう。

実際、事前の作戦研究において港湾施設への攻撃は検討されていた。しかし敵艦艇とインフラの二兎を追い、不徹底となるよりは、まず艦艇に攻撃を集中し、目に見える損害を与えることで敵将兵や国民に心理的な圧迫を加える方が良いと結論されたのである。ヨーロッパ方面でもドイツと緊張が高まっている以上、容易に大西洋から兵力を転用することはできない。したがって、水上艦隊を壊滅させれば相応の期間、日本海軍は主導権を握るというのがパールハーバー攻撃に際しての連合艦隊の結論であったのだ。

もう一つ、インフラ破壊は効果判定が難しく、航空攻撃となればなおさらだ。破壊状況を上空から確認できたとして、それがどの程度アメリカ海軍の今後の行動を制止しうるのかという判断は、実質的に不可能だ。アメリカにおける日本の諜報はほぼないも同然で、アメリカ側も、後に人道面で痛烈に批難されることになったが、開戦後は日系人を収容施設に入れて破壊、諜報活動を行えないようにしている。このような事情から主力艦に確実に損害を与える方が、今後の作戦を立てやすい。

また、何を攻撃目標とするかという問題もある。港湾施設とは言っても、何を壊すかによって攻撃方法も変わってくるし、それが必ずしも日本軍の保有している爆弾で狙うのが妥当な目標とは限らない。わかりやすい目標としては石油貯蔵タンクがあるが、これも大半は重油であり、タンクの破壊ならまだしも、類焼させるのは難しい。またタンクの一部はダミーで燃料の大半は頑丈な地下タンクに入っていたらしい。そもそも奇襲時のハワイの燃料貯蔵量は71.5万キロリットルほどと言われ、日本が一年半分として備蓄していた800万キロリットルの一割にも及ばない量だ。アメリカにしてみれば、さほどのことはない。

こう見ると、インフラ破壊はしなくて正解であったのかもしれない。

IF 2
もし第三次攻撃をかけていれば？

パールハーバー攻撃は、哨戒の実態や敵戦力規模が不明なまま実施されたものであり、鋭い一撃を加えた後は即座に危険海域から退避して艦隊を保全するというのが南雲艦隊の最初からの方針であった。

しかし想定以上に奇襲がうまくいったことと、敵主力艦の中に航空母艦がいなかったことから、第三戦隊の三川軍一司令官をはじめ、各飛行隊長などから再攻撃実施の意見具申がなされている。連合艦隊司令部でも、再攻撃の実施を第一航空艦隊司令部に催促すべしとの声が上がった。

実際には第三次攻撃は行われず、南雲艦隊は第二次攻撃隊収容後に速やかに離脱したわけであるが、もし第三次攻撃があったら、どのような可能性が生じたであろうか？

まず実施の可否については何を目標とすべきかで変わってくる。攻撃を実施しなかった港湾施設や燃料タンクへの攻撃なら成算は大きい。ハワイの組織的な防空態勢は麻痺していたので、ほぼ狙ったとおりの戦果を上げられたであろう。しかし、この件についてはうま味が無いことは先に説明したとおりだ。

またハワイの組織的な防空能力は壊滅したとはいえ、兵士の多くは各機銃座や砲台に拠って抵抗を見せており、第二次攻撃隊では艦爆14機の損害を生じている。第一次攻撃隊では艦爆は1機しか落とされていないのと比較すると、アメリカ兵の立ち直りの早さに驚かされる（この艦爆の損失のうち7機は飛行場襲撃直前に飛び立ったP-40に撃墜されている）。制空隊からも6機の損害が出ているのは、地上を掃射した際に受けた反撃によるものだろう。帰還機の中にも損傷機は多く、数字に表れない被害が南雲艦隊には続出していた。これを押して出撃すれば、さらに損害がかさむのは明白であった。

では、敵空母を狙っての再攻撃はどうだろう？

パールハーバー攻撃の時、太平洋艦隊所属の二隻の空母、「エンタープライズ」と「レキシントン」はハワイ西方200海里にいた。本来ならこの二隻は攻撃日である日曜日の朝にはパールハーバーに戻っているはずであったが、巡洋艦のスクリューに故障を生じて、艦隊が足止めされてしまい、入港したのは翌日の午後になってからのことであった。

それまでハワイでは南雲艦隊の位置をつかめておらず、錯綜する情報からハワイの南北に日本の空母が展開しているなどという、あり得ない分析まで出されていた。もっとも南雲艦隊ではそんな事情は知り得ない。とすると、空母を狙うにはパールハーバーに米空母が帰投するか、自身の索敵網にかかるまで現海域周辺に留まらねばならない。これは当初の南雲艦隊の作戦案をまっこうからぶつかる判断であり、やはりハワイへの第三次攻撃は非現実的であったようだ。

IF 3
空母決戦が発生したら？

パールハーバー攻撃時、ハルゼー提督の二隻の空母は、オアフ島から200海里西の海域にいた。ならば、もしも南雲部隊の偵察機がハルゼー艦隊を発見していたら？

これは発見のタイミングにより変わるが、パールハーバー攻撃前に発見するのはちょっと考えにくい。もともと南雲艦隊の偵察はハワイ近海の天候と敵艦隊の所在を求めてのものであり、広く外洋を探るというものではない。

とすると、可能性があるのはパールハーバー攻撃の一報を受けたハルゼーが艦隊を北方に向けた場合ということになる。おそらくハルゼーが発進させた偵察機を日本側も発見し、双方の機動部隊の位置が特定されるといった状況で発生する戦闘となるだろう。

結果はひいきするまでもなく南雲艦隊の圧勝に終わる。空母の数は6対2、南雲部隊には艦上機に損害が出ているとはいえ、ハルゼー艦隊側も万全の戦闘準備を整えていたわけではなく、相手の戦力が不明なのはお互いさまである。ミッドウェーのようなことが起こるかどうか……というのは、「もしも」を超えた問題である。しかしこの時に太平洋艦隊司令長官のキンメル大将のもとには錯綜した情報が山のように届き、当初は日本艦隊がハワイ北方にいると予測したキンメルも、確信が持てなくなっていた。それどころか、日本は艦隊を二つに分けて、南北からハワイを挟撃しているといったような、突拍子もない意見も真剣に検討されていたほどだ。ハワイ司令部からハル

ゼー艦隊に対して有効なサポートがあったとは考えにくい。

もっとも、この時点でハルゼーが執るべきは艦隊の保全なので、何かのミスで南雲艦隊がいる北方に全速力で飛び込むということが無い限りは、艦隊を南に向けて難を避けようとするだろう。

もし以上の条件をクリアして、あらゆる幸運に恵まれた南雲艦隊が「エンタープライズ」と「レキシントン」を撃沈した場合、まずアメリカは太平洋において少なくとも1942年中は攻勢にでることができない。太平洋沿岸部とハワイの連絡線の維持が精一杯であり、連合軍の後方拠点となるオーストラリアを孤立させつつ、西インド洋まで進出してイギリスのシーレーンを途絶させることもできるだろう。北アフリカの戦いにも深刻な影響が出ることは必至だ。

太平洋戦争は少なくとも一年は長く続いたに違いないが、その影響はアメリカよりもむしろ、イギリスに対して深刻に現れたであろう。

IF 4
もしハワイ上陸作戦をしていたら？

奇襲攻撃が成功したなら、陸軍部隊が奇襲上陸して日本がハワイを占領することもできたのでは？

この実現は相当に困難である。まず占領には陸軍の協力が欠かせないが、その陸軍にまずハワイ攻撃用に転用する戦力がない。

パールハーバー攻撃と呼応して、陸軍は極東からイギリス軍を一掃するために、マレー半島、シンガポールの占領を目指してコタバルに上陸作戦を敢行している。この時の投入戦力が第25軍の3個師団、約3万5000名だ。彼らの輸送には高速輸送船17隻が使用されたが、これが当時の日本軍の作戦輸送力の限界であった。しかも高速の機動部隊でさえ10日以上もかかるハワイへの航海を、さらに鈍足の船団を連れて実施しなければならず、当然、艦隊規模が大きくなり、途中で発見される確率は飛躍的に高まってしまう。陸軍にしてみれば、最重要課題である南方資源地帯の攻略をあきらめて、精鋭一個軍を博打的要素の高いハワイ攻撃に差し向けるという選択肢はあり得ない。

また上陸海岸の選択も難しい。ハワイはサーフィンのメッカとしても知られるように、常に強い偏西風にさらされるので、波が高い西海岸への上陸は、当時の日本軍の装備では極めて困難であろう。これも上陸作戦を難しくする要素となる。それでも実施に踏み切った場合、上陸さえ順調であれば、当時のハワイの防備状況であれば作戦は成功した可能性は高い。

この場合は、事後処理が問題となる。もしこのままハワイを占領し続けるというのであれば、日本にはメリットとデメリットがはっきりと生じる。ハワイ占領によりアメリカは太平洋上の拠点を一挙に失うので、純軍事的には日本は有利になるはずだ。しかしハワイへの補給線の維持は日本の国力を超えた重荷になり、肝心の南方資源地帯攻略に割ける物理的な余裕は大幅に減ってしまうだろう。

そもそも日本海軍は、まず緒戦で陸軍と協力してフィリピンを占領し、救援のために来寇するアメリカ軍を補給線の限界まで誘い込んで叩くという、漸減邀撃を戦略の柱としていたはずだ。しかしハワイが最前線となった場合、補給で苦しむのは日本側になってしまう。ハワイを根拠地化するにしても、そのための資材、人員は本国から確保しなければならず、完成まで相当の時間と資源を浪費してしまう。

あえて上陸作戦を実施するとして妥当な線は、陸軍部隊によるパールハーバーの徹底的な破壊だ。貴重な油や工作機械は持てるだけ持ち帰るとして、その後、石油貯蔵施設を破壊し、港湾についてはパールハーバーの入り口に何隻も船を沈めて使用不能にしてから日本に帰投すればいい。

せっかく占領した重要拠点に対して、ドライな判断を当時の日本軍ができたとはとても考えられない

▲真珠湾以外にもオアフ島には重要拠点が多く、陸軍航空隊の第14戦闘団が展開するホイラー飛行場は、第一次攻撃時に蒼龍および瑞鶴の急降下爆撃隊によって攻撃された。

が、これなら数年単位でハワイを無力化できる。

ただし、占領を続けるにせよ、破壊にとどめるにせよ、ハワイの喪失程度では絶対にアメリカは講和に応じない。むしろハワイ占領の事実はアメリカ国民の怒りを増幅する方向に作用し、日本にとって太平洋戦争は一層苛烈で過酷な物となったに違いないだろう。

パールハーバー付近にいたアメリカ太平洋艦隊所属の空母

アメリカ海軍航空母艦 エンタープライズ CV6
United States Navy Aircraft carrier Enterprise CV6

ピットロード1/700インジェクションプラスチックキット
（ホーネットより改造）
製作／林 幹人

全長246.7m　排水量1万9900トン　速力33ノット　搭載機81～85機

「ヨークタウン」級空母の2番艦「エンタープライズ」は、パールハーバー攻撃時には不在であったため、難を避けることができた。太平洋戦争における主要海戦の多くに参加し、勝利をもぎ取った原動力となる屈指の殊勲艦として日本でも有名である。もしも真珠湾攻撃時にこの空母が湾内にいたとすると、戦争の行方は大きく変わっただろう。

アメリカ海軍航空母艦 レキシントン CV2
United States Navy Aircraft carrier Lexington CV2

ピットロード1/700インジェクションプラスチックキット
製作／村田博章

日本の空母「赤城」と同じように、もともとは巡洋戦艦として建造されたが、ワシントン軍縮条約の結果、空母に転用された。真珠湾攻撃時はミッドウェーへの航空機輸送任務中であり、運良く攻撃を免れた。珊瑚海海戦で空母「ヨークタウン」と協力して空母「祥鳳」を撃沈したが、自身も五航戦の攻撃で魚雷2本をくらい、自軍駆逐艦により雷撃処分となった。

全長270.6m　排水量3万3000トン　速力33.3ノット　搭載機80～90機

サルヴェージにより続々と復帰する戦艦群
蘇るアメリカ太平洋艦隊

ハワイに在泊していた8隻の戦艦すべてが損傷したアメリカ太平洋艦隊だったが、その立ち直りも早かった。ただちに復旧工事に入り、戦争中盤以降には新造艦とともに次々と戦列に復帰したのだ。圧倒的なアメリカ軍の物量の前に、日本海軍はなすすべもなく後退していくこととなる。

文／白石光

■素早かった立ち直り

アメリカ側は、早くも日本の攻撃を受けた当日の午後から損害の査定を開始した。最優先だったのが人的被害の確認、その次が軍艦や航空機の数的被害の確認、そして最後に各インフラの破壊状況の確認。だがこれらは、いずれも担任する軍種や所属が異なるため、同時並行的に行われたといってもよい。

このうち、軍艦の被害は当初の時点では惨憺たるものと判断された。とはいっても、アメリカ海軍はそれを手をこまねいて放置するのではなく、より詳細かつ精密な被害査定と、復旧計画を立案するための準備に入った。

ハワイ海軍工廠の主導により、撃沈または撃破された艦の生き残った技術系士官が艦ごとに集められ、それに工廠所属の官民両方の技術職が合同して、艦ごとの損傷の程度や部位の確認とその対応にかんする案が練られた。一方、工廠側は別に専門家によるサルヴェージ部門や潜水夫部門を立ち上げ、関連するすべての部門からの報告に基づいて、サルヴェージとその後の艦の再生計画にプライオリティーを付けた。

きわめて組織的かつシステマチック、そのうえ早期にこのようなサルヴェージ再生計画がスタートしたのは、ひとえにハワイ海軍工廠の人的資源（ソフト）とインフラ（ハード）が、ともに大きな被害を被っていなかったからである。もしも日本の攻撃が、特に人的資源に大きな損害を与えていれば、計画を立ち上げて実行に移すのには、さらなる時間がかかったと思われる。とかく正面装備にだけとらわれやすい日本軍の悪癖が出た結果といえよう。単に「軍艦や航空機の数」を破壊するだけが戦争ではないのだ。

さて、こうして損害の程度を詳しく調査して行くと、一見では大損害に見えたものが、損害ごとに別々に査定してみれば意外にも大したことはないのが判明するケースが多発した。軍艦は巨大な「構築物」なので、各部の損傷をまとめて全体像として捉えれば大きな被害と見えてしまうが、それぞれの損傷を個々に捉えれば、実はそれほど修復が困難というわけではなかったのだ。

■各戦艦の経過

損傷した艦艇のうち、特に戦艦だけに限って説明すると、まず、沈没していないか沈没しているかによってプライオリティーが付けられた。そして沈没艦は、単に着底している艦と転覆して沈没している艦に分けて検討が加えられている。

こうして各戦艦は、以下のような経過をたどった。

【非沈没艦】
◎「ペンシルヴァニア」
●被害状況：入渠中に被爆。
●経過：ハワイ海軍工廠で応急修理ののち、メアアイランド海軍工廠に回航され、1942年3月末に再生完了。

◎「メリーランド」
●被害状況：被爆。
●経過：ハワイ海軍工廠で応急修理ののち、1941年12月にピュージェットサウンド海軍工廠に回航され、大改修を施されて1942年2月に再生完了。

◎「テネシー」
●被害状況：被爆。
●経過：ハワイ海軍工廠で応急修理ののち、ピュージェットサウンド海軍工廠に回航され、大改修を施されて1942年2月に再生完了。

【沈没艦】
◎「ネヴァダ」
●被害状況：擱座して着底。
●経過：1942年2月12日に浮揚。ハワイ海軍工廠で応急修理ののち、ピュージェットサウンド海軍工廠に回航され、大改修を施されて同年12月末に再生完了。

◎「カリフォルニア」
●被害状況：着底。
●経過：1942年3月25日に浮揚。ハワイ海軍工廠で応急修理ののち、ピュージェットサウンド海軍工廠に回航され、大改修を施されて1944年1月に再生完了。

◎「ウエストヴァージニア」
●被害状況：着底。
●経過：1942年5月に浮揚。ハワイ海軍工廠で応急修理ののち、ピュージェットサウンド海軍工廠に回航され、大改修を施されて1944年6月に再生完了。

◎「アリゾナ」
●被害状況：全損して着底。
●経過：放棄。

◎「オクラホマ」
●被害状況：転覆して沈没。
●経過：1943年に浮揚。ハワイ海軍工廠のドックに入渠したが、損傷が激しく再生を断念。1944年9月1日退役。

■「復讐戦艦」と呼ばれて

こうして再生された旧式戦艦群は「復讐戦艦」とも呼ばれ、大戦中盤以降、主に水陸両用戦時の支援砲撃で活躍した。

一方、再興されたアメリカ太平洋艦隊の主力は、「戦時標準型艦隊空母」こと「エセックス」級艦隊空母と、"ネイヴァル・ホリデー"明けに建造されたいわゆる「新戦艦」で、どちらも高速だった。特に後者は従来の戦艦という位置付けを超えて、空母機動部隊の中核たる艦隊空母を直接的に護衛する、大型汎用戦闘艦とでもいうべき存在となった。

というわけで、いってみれば「大艦巨砲時代の遺物」たる旧アメリカ太平洋艦隊の「花形」たちは、「入院生活」を終えて復帰してみると、急速な航空主兵への転換のせいで「脇役」へと転じなければならなかったのである。

だが、アメリカの水陸両用戦理論と中部太平洋進攻戦略にとって、精密射撃が可能な巨砲を備えた「自航可能な洋上砲台」ともいうべき「復讐戦艦」群は、重宝かつ有用な「脇役」ではあった。

「オクラホマ」の火薬庫に排水ポンプの配管を準備する作業の様子。周囲に14インチ砲用発射薬収納缶が見える。1943年11月12日の撮影。

1943年5月25日、「アリゾナ」の浸水区画に進入する潜水夫たち。同艦は早期に放棄が決まったため正確な損傷調査は行われなかった。

▲有毒ガスが充満した「オクラホマ」の艦内に進入して損傷状況の撮影にあたったコリンズ三等兵曹。ガスマスクにストロボ付きスピグラを携えて膝上までの長靴を履いている。

大規模な改修により艦影を一変させた'旧式戦艦'

▶ハワイ海軍工廠での応急修理を終えて本格的改修のためピュージェットサウンド海軍工廠へと向かう直前の「ウエストヴァージニア」。籠状マストなど破損が生じていた艦橋周りはかなり撤去されている。特に日本潜水艦による発見を避けるため塗装はメジャー21が施された。

太平洋戦争前のアメリカ戦艦の外見上の特徴は、なんといっても籠状マストまたは三脚マストであった。しかし"ネーヴァル・ホリデー"後に建造されたいわゆる「新戦艦」では、それが司令塔と大型上部構造物の組み合わせに変化している。その理由は、発達した電測兵器で取得した情報の集約化と分析、さらそれを各部署へと伝達するに際して、必要不可欠なライン要員の収容と、洋上戦略の多元化にともなうスタッフ要員の増大、つまり、艦橋業務の増加にともなう艦橋勤務要員全体の増加に対処するためである。

実は戦前、すでに旧式戦艦を近代化改修する案が考えられていたが、予算の問題などもあって、なかなか実設計や実際の改修作業に取りかかれずにいた。それがパールハーバーでの損害の復旧に際しては、開戦によって予算の制限など気にしなくてよくなったこともあり、心おきなく思い切った改修ができるようになったのである。

そのため、どの「復響戦艦」でもさすがに主砲の換装こそ行われなかったが、副砲には最新の5インチ両用連装砲塔、対空火器には40mmボフォース機関砲や20mmエリコン機銃が大量に装備された。装甲の強化やバルジの拡大なども行われたほか、射撃方位盤をはじめとする火器管制システムのグレードアップ、対空捜索レーダー、対空射撃管制レーダー、対水上捜索レーダー、対水上射撃管制レーダー、戦闘機管制レーダー、ECM機器などの電波兵器も各種が装備された。そしてこれらにより得られた情報は、大型上部構造物内部に設けられたCICに集約され、主砲や対空火器、機関部といった各セクションへと通達される「情報処理の流れ」が構築された。

一方で、主機関係にかんしてはほとんど手が付けられなかった。既存の機関スペースに新規の機関を収めるのは困難とはいわないまでも面倒であり、作業的にも時間がかかる。そしてこういったリスクを承知のうえで主機関係に手を付けても、古い設計の船体形状などの影響を受けて、然るべき高速が得られないことが明白だったからである。

また航空艤装ではカタパルト能力が強化され、新型のカーチスSCシーホーク汎用水上機の運用が容易になった。

なお、「復響戦艦」でもっとも大きな改修を施されたうちの1隻が、ここに紹介している「ウエストヴァージニア」である。

アメリカ海軍戦艦 ウエストヴァージニア BB48 1923（新造時）
United States Navy Battleship
West Virginia BB48 1923
ピットロード1/700
インジェクションプラスチックキット
製作／川合勇一

全長190.2m 排水量3万1500トン
速力21ノット 主砲40.6cm連装×4計8門

◀パールハーバーで損傷を受けた戦艦のなかでもっとも大規模な改修が施されたのが「ウエストヴァージニア」である。「コロラド」級戦艦の4番艦である本艦はバトルシップ・ロウの外側にいたため魚雷多数が命中し着底した。本艦は損傷復旧工事の際に大規模な近代化改装を実施することが決められた。この改装は機関と主砲を除くすべての装備というおおがかりなもので艦影は改装前と一変している。戦前のアメリカ戦艦の特徴だった籠状マストは取り払われ、艦内容積を確保するため二本の煙突は一本にまとめられて艦橋直後に置かれている。レーダーを含む射撃指揮装置はすべて一新され、副砲を廃止した代わりに近接対空火器も増強されている。また外見には現れていないが水平装甲、水中防御力も大幅に強化されている。ただし水中防御力強化のために大型のバルジを装着したので船体幅は34.75mとなりパナマ運河の通過は不可能になった。また機関も強化されなかったため最大速力も若干低下している。本艦と同様の改装は戦艦「テネシー」「カリフォルニア」にも施されている。

アメリカ海軍戦艦 ウエストヴァージニア BB48 1945
United States Navy Battleship
West Virginia BB48 1945
ピットロード1/700
インジェクションプラスチックキット
製作／川合勇一

全長190.2m 排水量3万5000トン
速力20.5ノット 主砲40.6cm連装×4計8門

模型製作者より

南雲機動部隊・アメリカ太平洋艦隊を作った男たち

このページでは本書に登場した模型を製作したスタッフからのコメントを紹介しよう。日本海軍艦はプラスチックキットで大半のものが発売されているがアメリカ艦は戦艦ですら発売されていないものが多いのだ

市野昭彦 Akihiko ICHINO
①軽巡デトロイト／②軽巡フェニックス／③駆逐艦ラルフ・タルボット

今回はアメリカ海軍の軽巡用艦「デトロイト」、「フェニックス」、駆逐艦「ラルフタルボット」を担当しました。真珠湾攻撃時に配置されていた米艦の状態はよくわからない部分が多く雑誌やネットの写真を参考に推定で制作しました。塗装についてはメジャー1が主流ですが単調にならないように色調を変えています。米艦のインジェクションキットも以前に比べればかなり充実してきましたが今後は条約型のキット化に期待したいものです。「デトロイト」はNIKOモデル、「フェニックス」はコルセアルマダ社のレジンキャストキット、「ラルフタルボット」はミッドシップモデルのインジェクションキットを使用しました。尚レジンキャストキットの一部にはパーツが歪んでいるものもありプラ材等に置き換えてあります。普段は外国艦を中心に建造していますがあくまでも趣味ですので自分が楽しむことをモットーに制作しています。皆さんも楽しんで制作してください。

遠藤貴浩 Takahiro ENDOU
④軽巡ローリー／⑤駆逐艦チュウ／⑥艦隊給油艦ネオショー
⑦駆逐艦陽炎

担当したのはオマハ軽巡「ローリー」、ウイックス級駆逐艦、シマロン級給油艦「ネオショー」、陽炎型駆逐艦です。アオシマの陽炎以外はレジンキャストキットに頼らざるを得ない状況でしたが、近年フライホークからウイックス級の「ワード」がインジェクションプラスチックキットとして発売されました。オマハ級はNIKOモデル、「ネオショー」はピットロードのレジンキットを使用しました。ウイックス級についてはNIKOモデルの改ウイックス級の「ルーベン・ジェームス」をそれらしく素組みで使用しています。「ローリー」は真珠湾当時の写真が少なく、ベースキットの「ミルウォーキー」との違いを見つけるのに苦労しました。「ネオショー」はそのままでも充分なキットですが今では入手が難しい様なのでこれを機に「シマロン」ともども再々販売して欲しいと思います。参考記事としてそれぞれネイビーヤード誌Vol.9と6にも掲載されていてとても参考になりました。

大槻正行 Masayuki OOTSUKI
⑧駆逐艦マグフォート
⑨駆逐艦磯風

「マグフォート」はミッドシップのバッグレイ級駆逐艦を使用しました。本艦はバッグレイ級の姉妹艦で本級の特徴である集合煙突が目立ちますがキットはやや立ち気味なので下部を削って少し寝かしました。米艦は駆逐艦に限らず合理的な設計で日本艦と比較すると楽しいですので一度は米艦に挑戦してみて下さい。「磯風」はピットロードの陽炎型を使用しています。舷側や艦橋の窓のモールドが浅いので開け直しました。連装機銃はファインモールドのナノドレッドシリーズを使用しました。塗装は普段は少々汚しを入れますが今回は就航時ということもあってきれいなままです。ディテールの細かいパーツで再現性が良く、そのまま素組みでも満足のいく仕上がりですのでサクッと作って同型艦を並べるも良し、エッチングパーツを盛って作り込むのも良いと思います。

川島秀敏 Hidetoshi KAWASHIMA
⑩空母赤城／⑪空母加賀

真珠湾に向かった南雲機動部隊の中核といえば第一航空戦隊、その空母「赤城」と「加賀」を担当しました。二隻ともフジミのキットに、同社専用木甲板シールとエッチングパーツを使用しました。また、塗装はタミヤの水性アクリル塗料の佐世保海軍工廠色を吹き付けています。木甲板シールは空母では効果も大きく、しかも塗装の手間も省け、お勧めです。エッチングパーツも、その全てを使用するのではなく、過度に盛り込んでいません。むしろ控えめにする方がバランスが良いように思います。「加賀」では、前端の支柱を4本にしました。普段から1/700洋上モデル専門で、日本海軍の艦艇ばかりを製作しています。迷彩塗装の空母もこれからコレクションに加えていきたいと考えています。

大平陸雄 Rikuo OOHIRA
⑫駆逐艦母艦ドビン／⑬駆逐艦母艦ホイットニー／⑭工作艦リゲル
⑮雑役艦アルゴンヌ／⑯病院船ソレース／⑰砲艦サクラメント
⑱特設給油艦東栄丸／⑲特設給油艦極東丸

今回、日米の特務艦・特設艦を主として担当いたしました。日本艦はフジミから出ている川崎タンカーを極東丸は様子見をかねて素組みし、東栄丸については少し手を加えて作成いたしました。難儀したのは、米特務艦隊で「駆逐艦母艦とは、なんだろう？」から始まり、真珠湾奇襲攻撃の写真集を眺めては、「この戦艦列の奥に写ってる白いのがソレースか！」とやけに驚いたりを繰り返しておりました。いずれも、図面資料は一切手に入らず、レジンキャストキットも海外を含め発売されていないようで、ネットで拾った写真のみを頼りにフルスクラッチビルドを試みました。幸いにも、米艦は日本の特務艦と違い鮮明な写真データが多く手に入り「あそこをこだわったら面白いだろうに」などの誘惑を感じながらも全体の出来高を優先しての作業を行いました。写真しか手に入らなかったとは言え、真横から写したものが手に入りそれを側面図代わりに使い、全長・全幅の寸法から想定を重ねて平面図を描いて船体を削りだしました。最も解らなかったのが、ホイットニーとドビンの2隻で、甲板の構成が最後までよく解らず、ブリッジ廻りを見ては「あでもないこうでもない」をやっておりました。日本では軍艦にも商船にもない形状だけに、なんでも専用で作れる国の力に思いを馳せたりました。結局、似せるところで手が回らず、基本形状を固めるので精一杯でしたが、誰も作った事が無いだろう艦の構造を調べて行くのは、楽しいひと時でした。

佐伯真一 Sinichi SAEKI
⑳戦艦オクラホマ
㉑空母蒼龍／㉒戦艦比叡／㉓駆逐艦秋雲

今回の担当作品はHPモデルスの戦艦「オクラホマ」、フジミの戦艦「比叡」、アオシマの航空母艦「蒼龍」と駆逐艦「秋雲」です。「オクラホマ」は精密なレジンキャストキットで接着は瞬間接着剤とエポキシ系接着剤を使用しました。三脚式マストをバランスよく組み立てる工作に注意しました。食品用ラップをマスキングに応用すると艦船トップの塗装が楽になります。「比叡」はエッチングパーツとナノドレッドの機銃などです。ボートダビットの工作は専用エッチングパーツが便利です。全体の塗装はツヤをだして細部を塗り分けるのも楽しみのひとつです。「蒼龍」はエッチングパーツを使用せず、ストレートに組みました。少し艦橋に手を入れています。マストと無線塔はキットをお手本にして細径ピアノ線で作っています。「秋雲」は小さなキットですが、個々のパーツを丁寧に仕上げることにより、きれいなシルエットになると思います。

真田武尊 Takeru SANADA
㉔重巡利根

今回の巡洋艦「利根」はアオシマのキットをベースにディテールアップをしました。手間をそれほどかけずに効果的にディテールアップを見せる事をコンセプトに作っています。プラスチックではどうしても甘くなってしまう部分であるカタパルト、クレーン等に絞ってエッチングパーツを使用する事で作業は最小限で効果的にディテールアップを見せるようにしています。今回苦労したのは、後部甲板につながるスロープです。ここはキットと一体化しているため、一度削り出した上でエッチングパーツを付けなければなりませんでした。しかしそれ以外はキットの出来がいい事もあり、苦労せずに作成する事が出来ました。他のディテールアップとしましては、架空艦、計画艦が好きなので、フジミから出ている超大和型や戦艦紀伊のようなキットが発売されれば嬉しいです。最近は、やはり「艦これ」ブームなので、艦娘の改や改二をリアルな艦船として作ってみたいと思っています。

清水秀春 Hideharu SIMIZU
㉕軽巡阿武隈／㉖甲標的
㉗九七式三号艦上攻撃機（嶋崎機）

普段は航空機がメインということもあり、「阿武隈」は久しぶりに製作した艦船の作品です。タミヤということもありとても作りやすく、ストレスなく完成しました。製作していて楽しかったこともありついつい手を入れてしまいました。「甲標的」はファインモールドということもありクオリティが高く、パーツも少ないのでサンデーモデリングに最適です。ボリュームもあるので満足です。九七艦攻は評判の良い好キットなのでシートベルトの追加だけで十分満足です。作っていて単純に面白かったです。マーキングもカッコイイので気に入っています。作りたいアイテムはたくさんあるのでこれからもどんどん製作していきたいですね。

箱 二三 Xiang Er San
㉘駆逐艦セルフリッジ／㉙駆逐艦デューイ／㉚駆逐艦ウォーデン
／㉛駆逐艦カニンガム／㉜駆逐艦ショー／㉝駆逐艦ダウンズ
㉞駆逐艦朝

当時真珠湾には6タイプの駆逐艦が停泊しており、その内3タイプ6隻を担当しました。戦前型米駆逐艦は入手し易いキットに恵まれないので、揃えるのに苦労します。また、アメリカと言ってもまとまった資料が乏しい時期ですから、推定を多く盛り込み雰囲気で形にしてあります。ポーター級「セルフリッジ」とファラガット級「デューイ」は工房飛龍製レジンキャストキットを使い、写真を頼りに武装等を更新前に戻しました。ファラガット級「ウォーデン」は武装更新後の図面を基にフルスクラッチして、ピットロードの武装セット等で纏めました。マハン級「カニンガム」と「ダウンズ」は、ミッドシップモデルのインジェクションプラスチックキット（マハン1938）をベースに武装等を修正しました。マハン級「ショー」はミッドシップモデルのインジェクションプラスチックキット（マハン1942）をベースに、攻撃で大破した後仮艦首を付けて修理に向かう状態を再現しました。尚、ミッドシップモデルのプラキットは樹脂の性質からラッカー系塗料の溶剤でさやけてしまうトラブルに見舞われ、お見苦しい部分があります。当時米艦の多くは船体を濃いブルーグレーとライトグレーで統一されていましたが、迷彩基準が定まっていない時期であり、新基準の艦も見受けられます。個艦の迷彩基準の特定が難しいのでランダムに混在としました。朝潮型は船体形状の表現が優れるS&S製レジンキャストキットをベースにピットロードの武装セットで製作しました。普段英米艦ばかりですから、たまには日本艦もいいものです。

新森勝志 Katsushi SINMORI
㉟九九式艦上爆撃機（高橋機）

今回は九九式艦上爆撃機 高橋赫一少佐機を担当しました。キットはハセガワ1/48です。機体色のグレーは缶スプレー、その他は水性塗料の筆塗りです。こだわったのはプロペラ裏面のこげ茶色と爆弾の鼠色です。

鈴木幹昌 Mikiyoshi SUZUKI
㊱戦艦テネシー／㊲重巡ニューオリンズ

「テネシー」は、ピットロードのレジンキャストキットですが容易に組立てられます。開戦時の迷彩Ms1は、白黒写真の焼き付け合影響で黒を白にする作品が多いのですが実際は灰色です。作例では、カラーチップを頼りに少し明るめに調色しました。「ニューオリンズ」は、ピットロードのキットです。Ms21迷彩は赤味の強い色調にしました。作品の2隻は、ナノドレッド5インチ砲が発売になるので、近代化改装で近々交換するつもりです。

冨田博司 Hiroshi TOMITA

38戦艦カリフォルニア

ピットロードのハイモールドシリーズのレジンキャストキットを使用しました。レジンキャストキットのイメージが変わるほど素晴らしいキットですが、砲塔は好みでピットロードの「メリーランド」からおまけの14インチ砲塔を流用。魅せ場の籠マストはエッチングパーツを丸めるのに苦労しました。

早川利宇 Toshitaka HAYAKAWA

39軽巡セントルイス
40空母瑞鶴／41駆逐艦不知火

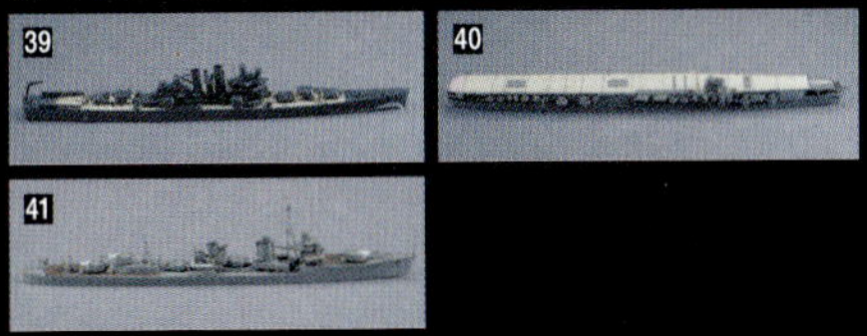

私の担当3艦は、艦種やメーカー、素材が異なります。趣味に取り組める時間の大小でメーカーを選びます。日本艦はタミヤとピットロードのインジェクションキットですが、メーカーにより個性が異なります。タミヤはカッチリ組めるので、素組みでも出来栄えが平均を下回ることがありません。ピットロードは「工作を楽しむ」キットで、仮組みや工具選びなどしながら作り込みします。艦数が増える毎に工作力の向上が体感できます。米艦はレジンキャストキットです。素材が異なるため洗浄などインジェクションにはない工程がありますが、出来上がった時の重量感は特別です。

林 幹人 Mikito HAYASI

42戦艦ペンシルヴァニア／43戦艦アリゾナ／44戦艦メリーランド／45戦艦ウェストヴァージニア／46空母エンタープライズ／47潜水艦ナーワル／48潜水艦タウトグ／49退役巡洋艦ボルチモア／50機雷敷設艦オグララ／51工作艦メデューサ／52水上機母艦カーティス／53水上機母艦タンジール／54小型水上機母艦アボセット／55掃海艇ターン

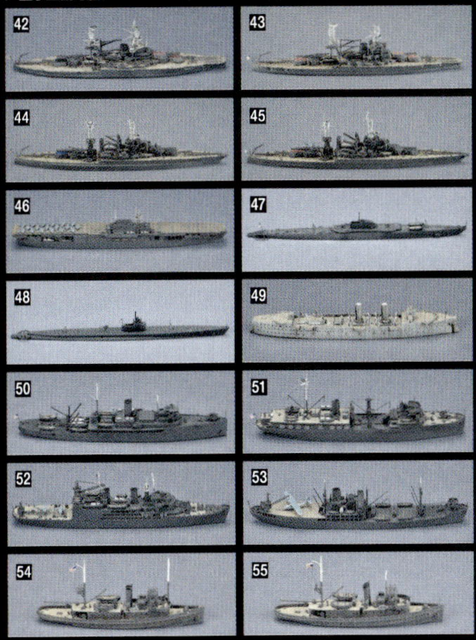

まだ小学生の頃、1冊の本に出合いました。赤い背表紙の「パールハーバー」(サンケイ新聞出版局)。黒煙に包まれ傾いた異形の艦橋…籠マストの米国戦艦の写真に初めて触れ、いつか模型を製作したいと思いながら数十年が経ちました。今回は米国艦14隻を担当しました。戦艦「ペンシルヴァニア」「アリゾナ」はピットロードのレジンキットで、「ペンシルヴァニア」は相違点を改造しました。戦艦「メリーランド」「ウエストバージニア」はピットロードのインジェクションキットです。籠マストはトムスモデルの3D樹脂成型パーツを使用しました。「パールハーバー」の写真イメージはこのパーツ無しでは再現できない秀逸な一品です。空母「エンタープライズ」はピットロードの「ホーネット」を改造しました。真珠湾攻撃中に飛び込んだ艦爆18機を並べてあります。潜水艦「ナーワル」はフルスクラッチビルド、潜水艦「タウトグ」は童友社の「ガトー級1941」を改造しました。退役巡洋艦「ボルチモア」はコンブリックのレジンキットをベースに製作しました。敷設艦「オグララ」はフルスクラッチビルドです。船体はサラトガモデル1/1250メタルキットをスケールアップし、写真を参考に製作しました。工作艦「メデューサ」はコルセアアルマダのレジンキットですが、トラスなど細部に手を入れた程度です。水上機母艦「カーチス」はルースキャノンのレジンキットですが、なかなかの曲者。日本艦にない魅力的な艦容のフネですが、同梱エッチング以外はフルスクラッチに近い工程になりました。水上機母艦「タンジール」はタミヤの「ボーグ」船体を流用したスクラッチです。小型水上機母艇「アボセット」と掃海艇「ターン」は、コルセアアルマダのレジンキット「ビレオ」を改造しました。小艦艇ながら素晴らしいキットです。
普段から開戦当時の太平洋艦艇に絞って製作しており、現在は遣支艦隊の砲艦に一応の目途がついたところです。1/700でひとつの情景を再現するように揃えていますので、作風の統一感をいつも大切にしています。これから開戦時の北方艦隊（第五艦隊他）に着手しますが、静岡ホビーショーでは「ちっちゃいもの倶楽部」で展示する予定です。

藤田真一郎 Shinitirou FUJITA

56戦艦霧島

帝国海軍戦艦「霧島」を担当させていただきました。キットは改造せずに開戦時の姿を再現できるフジミ模型のキットを使用し、一部エッチングパーツを使用しています。製作期間は約3ヵ月程かかりましたが、ほとんどが甲板のマスキング及び塗装作業で費やしました。甲板の塗装は甲板シールや甲板マスキングシートなど便利なパーツもあるので使用されるのもよいと思います。また、艦橋の組み立て途中で支柱（元マスト）を塗装後に挿入すると途中で挿入できなくなりました。艦橋の組み立ては仮組みを行い調整しながら組み立てる事をお薦めします。部品数が多いですが、その分素組みでも充分見栄えのする仕上がりになります。少し手を加え、より精密な部品に変えるともっと満足のいく仕上がりになると思います。

藤本義人 Yoshito FUJIMOTO

57駆逐艦谷風／58駆逐艦浜風
59カーチスP-40Bウォーホーク／60九七式三号艦上攻撃機（村田機）

今回は日本海軍の駆逐艦「谷風」、「浜風」、カーチスP-40Bウォーホーク、九七式3号艦上攻撃機（村田少佐機）を担当しました。私は常々「楽しく」「手早く」「普通に」作るモデリングを心がけていますので今回もお手軽に作成しました。P-40Bはカナダのメーカーである「ホビークラフトカナダ」製をストレートに組上げて説明書どおりに12番オリーブドラブを塗って仕上げました。駆逐艦「谷風」、「浜風」はいずれもアオシマ製「谷風」をストレートに組上げて塗装してあります。九七式3号艦上攻撃機はハセガワ製「村田少佐機」バージョンをストレートに組上げましたが、塗装については連日の訓練の結果塗装が褪色したような感じに仕上げてあります。いずれのキットも素性がいいものばかりなので細かいことは気にせず、短期間で楽しく自分の好きなように完成させました。普段は主に1/700以上の大型の世界各国の艦船模型を製作しています。今製作しているのはタミヤの1/700の「ミズーリ」です。

細田勝久 Katsuhisa HOSODA

61軽敷設艦トレーシー
62空母飛龍
63九七式三号艦上攻撃機（淵田機）／64零式一号艦上戦闘機二型（板谷機）

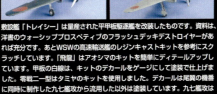

敷設艦「トレイシー」は量産された平甲板駆逐艦を改装したものです。資料は、洋書のウォーシッププロスペティブのフラッシュデッキデストロイヤーがあれば充分です。あとWSWの高速輸送艦のレジンキャストキットを参考にスクラッチしています。「飛龍」はアオシマのキットを簡単にディテールアップしています。甲板の白線は、キットのデカールをゲージにして塗装で仕上げました。零戦二一型はタミヤのキットを使用しました。デカールは尾翼の機番に同時に制作した九七艦攻から流用した以外は塗装しています。九七艦攻はカウリングの雷撃照準器を真ちゅう線をハンダ付けで工作した以外はストレートで制作しています。パイロットフィギュアは、同社零練戦の物を使用しています。飛行機に製作については、パイロットの搭乗とカタログのメーカーの完成見本を理想として素組み、ウェザリング無しでの綺麗な完成品の制作にこだわっています。わたしはこれをカタログモデリングと呼んでいます。

マルヨシ MARUYOSHI

65軽巡ヘレナ／66駆逐艦アレン
67空母翔鶴

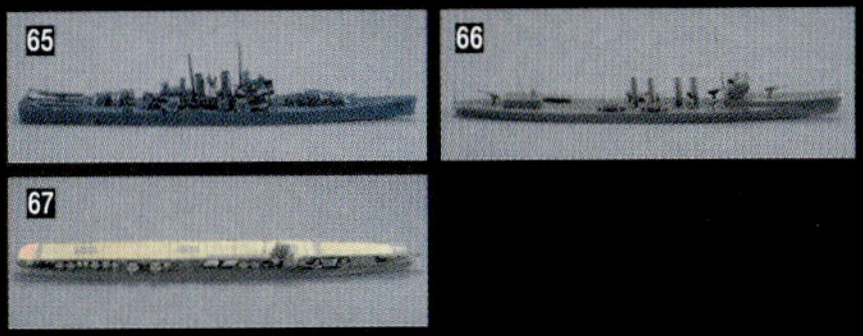

セントルイス級軽巡洋艦「ヘレナ」とクリーブランド級との相違は砲塔配置、艦尾形状などです。ピットロード社製クリーブランド級の艦体側面を利用して艦尾、甲板を含めた砲塔などを除き上部構造物を改造しました。一部でも艦形が利用できるので作業の大半が省くことができます。戦前に廃棄されなかった唯一のサンプソン級駆逐艦「アレン」は、戦後退役するまで現役で活動していました。単艦で艤装が戦中変遷があり肝心な真珠湾時点の写真が少ないので、キット化を希望しつつ艤装変遷の文章を参考に魚雷三連装発射管二基と想定してフルスクラッチしました。帝国海軍の航空母艦である「翔鶴」は、フジミとタミヤがありますが、今回はタミヤを使用しました。機能的な艦型が目立つよう細かな表現を殆ど削り落としました。着艦制動索も太く見えるので表現してません。

村田博章 Hiroaki MURATA

68空母レキシントン／69標的艦ユタ

「レキシントン」は当時出航中で不在した。ピットロードのキットで製作しました。珊瑚海仕様の「レキシントン」から機銃を大幅に減らし「サラトガ」のパーツを使い主砲の復活、舷外電路の装着と飛行甲板の運搬軌条等のディテールを追加工作をしました。塗装は写真資料からMs.12迷彩に変更しました。「ユタ」は戦艦と間違えて激しく攻撃を受け「アリゾナ」と共に現存しています。NICO MODELのレジンキャストキット（「フロリダ」）を使い大幅に改造しました。極端なタンブルホームの船体をバルジの付け替えで再現。資料不足の為写真資料からの推定で砲術訓練艦当時の装備を再現してあります。船体の塗装はMs.1と言う暗いブルーグレーと上の方はライトグレーです。木甲板とのコントラストが意外と合います。

村山弘之 Hiroyuki MURAYAMA

70重巡サンフランシスコ／71駆逐艦フェルプス
72重巡筑摩／73駆逐艦浦風

今回は日米2隻ずつ建造しました。重巡「サンフランシスコ」はピットロードのものを使用。船体の修正、艦橋の高さと格納庫の幅を調整し仕上げました。駆逐艦「フェルプス」はコンブリックのレジンキャストキットです。レジン造形の素晴らしさに感動したキットで、ストレート組みながら四砲塔艦のカッコ良さがでています。両艦とも塗装は開戦時ですのでMs1としています。一方日本艦ですが、重巡「筑摩」はフジミのキットを使用。キット設定が大戦後期ですので開戦時に戻すため、舷窓開けと増設機銃座埋めといった道路工事さながらの作業と以外と盲点になっているカタパルト甲板と後甲板の間の壁面を一部開けています。駆逐艦「浦風」はピットロードのものを使用。抜きテーパーの調整やリノリウム張りの修正など手を加えました。スッキリした出来上がりが好みのため、エッチングパーツは最低限の使用としていますが、装備品はファインモールド等アフターパーツを使用。これらが充実しているのでお手軽にグレードアップできるのは嬉しいですね。

米波保之 Yasuyuki YONENAMI

74駆逐艦ワード／75工作艦ヴェスタル

米駆逐艦「ワード」、工作艦「ヴェスタル」を担当しました。両艦とも国内で入手できる資料は乏しく、「ヴェスタル」は真珠湾攻撃直後に撮影された写真数点、「ワード」は戦前の写真と、他の姉妹艦の写真などを参考に製作しましたが不明部分は推定せざるを得ませんでした。「ヴェスタル」はコルセア・アルマダ社のレジンキャストキットを使用しています。全体的には良く雰囲気を捉えていますが、モールドの甘い部分も散見するので艦橋などには手を加えています。「ワード」はエバーグリーン社のプラ材などを用いて、フルスクラッチビルドで製作しています。艤装もシンプルなので、フルスクラッチビルドの入門向けには良いアイテムだと思います。私は「ネイビーヤード」誌で「ジミ艦！」の連載を担当しており、古今東西の地味な艦艇について紹介しています。

烈風三速 Reppuusansoku

76戦艦ネバダ
77駆逐艦霞／78特設給油艦国洋丸／79特設給油艦建洋丸

私が制作したのは戦艦「ネバダ」、駆逐艦「霞」、特設給油船「国洋丸」と「建洋丸」の4隻です。「ネバダ」はミッドシップのレジンキャストキットです。副砲周りのブルワークは付属のエッチングパーツを使用してますが、組立説明書に型紙はあるものの、納得いく形状になるまで試行錯誤を繰り返しました。「霞」はピットロードの「朝潮」の改造で、艦首フェアリーダーを作り替え、機銃はファインモールドのナノドレッドです。
「川崎型油槽船」の「國洋丸」と「建洋丸」は、フジミのキットです。手摺等のエッチングパーツ同梱の他は、要点を押さえた少な目パーツですが、自分の力量に合わせた作り込みが可能な好素材です。一番悩んだ上甲板塗装は、滑り止め材混合の塗料を使用したという事から、船体色より若干暗めでつやを抑えた色調で仕上げてます。参考文献は、モデルアート社の艦船模型スペシャル、大日本絵画「日本海軍小艦艇ビジュアルガイド　駆逐艦編」「戦時輸送船ビジュアルガイド」が役立ちました。次は、1/350の「加賀」に取組みま～す！

模型でたどる太平洋戦争の海戦シリーズ
真珠湾奇襲 1941.12.8
"Operation Z" Attack on Pearl Harbor

■スタッフ STAFF

監修 /Supervisor
白石 光 Hikaru SHIRAISHI

文 /Text
白石 光 Hikaru SHIRAISHI
岩重多四郎 Tashiro IWASHIGE
宮永忠将 Tadamasa MIYANAGA
後藤恒弘 Tsunehiro GOTO
吉野泰貴 Yasutaka YOSHINO

模型製作 /Modeling
市野昭彦 Akihiko ICHINO
遠藤貴浩 Takahiro ENDOU
大槻正行 Masayuki OOTSUKI
大平陸雄 Rikuo OOHIRA
川島秀敏 Hidetoshi KAWASHIMA
川合勇一 Yuuichi KAWAI
佐伯真一 Sinichi SAEKI
真田武尊 Takeru SANADA
清水秀春 Hideharu SIMIZU
箱　二三 Xiang Er San
新森勝志 Katsushi SINMORI
鈴木幹昌 Mikiyoshi SUZUKI
冨田博司 Hiroshi TOMITA
早川利宇 Toshitaka HAYAKAWA
林　幹人 Mikito HAYASI
藤田真一郎 Shinitirou FUJITA
藤本義人 Yoshito FUJIMOTO
細田勝久 Katsuhisa HOSODA
マルヨシ MARUYOSHI
村田博章 Hiroaki MURATA
村山弘之 Hiroyuki MURAYAMA
米波保之 Yasuyuki YONENAMI
烈風三速 Reppuusansoku

笹原　大 Dai SASAHARA
橋本　憲 Ken HASHIMOTO
松本州平 Syu-hei MATSUMOTO
横山統一郎 Touichiro YOKOYAMA
戸嶋博光 Hiromitsu TOJIMA
田中克自 Katsuyori TANAKA
横浜潤馬 Jyunma YOKOHAMA

編集 /Editor
後藤恒弘 Tsunehiro GOTO

図版 Illustration
吉野泰貴 Yashutaka YOSHINO

写真提供 /Photo
光人社
US.NAVY
NATIONAL -ARCHIVES

撮影 /Photographer
株式会社インタニヤ ENTANIA

撮影協力 /Assistant Director of Photography
スケールアヴィエーション編集部　石塚 真
SCALE AVIATION department / Makoto ISHIDUKA

協力 Special Thanks
村田博章 Hiroaki MURATA

アートデレクション /Art Director
横川 隆 Takashi YOKOKAWA

模型でたどる太平洋戦争の海戦シリーズ
真珠湾奇襲 1941.12.8

ネイビーヤード編集部編

発行日　2015年12月26日　初版第1刷

発行人　小川光二
発行所　株式会社 大日本絵画
〒101-0054　東京都千代田区神田錦町1丁目7番地
Tel 03-3294-7861（代表）
URL; http://www.kaiga.co.jp

編集人　市村弘
企画／編集　株式会社アートボックス
〒101-0054　東京都千代田区神田錦町1丁目7番地
錦町一丁目ビル4階
Tel 03-6820-7000（代表）
URL; http://www.modelkasten.com/
印刷／製本　大日本印刷株式会社

内容に関するお問い合わせ先：03（6820）7000　（株）アートボックス
販売に関するお問い合わせ先：03（3294）7861　（株）大日本絵画

Publisher/Dainippon Kaiga Co., Ltd.
Kanda Nishiki-cho 1-7, Chiyoda-ku, Tokyo 101-0054 Japan
Phone 03-3294-7861
Dainippon Kaiga URL; http://www.kaiga.co.jp
Editor/Artbox Co., Ltd.
Nishiki-cho 1-chome bldg., 4th Floor, Kanda
Nishiki-cho 1-7, Chiyoda-ku, Tokyo 101-0054 Japan
Phone 03-6820-7000
Artbox URL; http://www.modelkasten.com/

©株式会社 大日本絵画　本誌掲載の写真、図版、イラストレーション
および記事等の無断転載を禁じます。
定価はカバーに表示してあります。
ISBN978-4-499-23160-2